DEBUT D'UNE SERIE DE DOCUMENTS
EN COULEUR

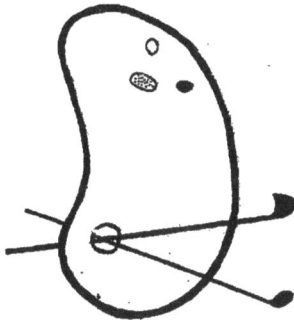

COLLECTION MARTELLI

DE FLORENCE

— · —

ESTAMPES ANCIENNES

Mars 1858.

1re VENTE

annoté d'après l'ex. de Danlos

RENOU ET MAULDE,
Impr. de la Cie des Commissaires-Priseurs,
rue de Rivoli, 144.

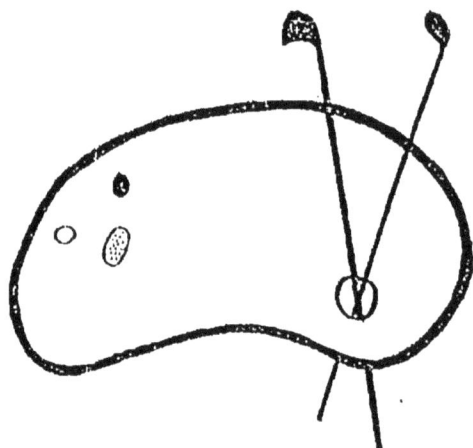

FIN D'UNE SERIE DE DOCUMENTS
EN COULEUR

COLLECTION MARTELLI

DE FLORENCE

ORDRE DES VACATIONS

DE LA VENTE

D'ESTAMPES

ANCIENNES

QUI AURA LIEU

HOTEL DES COMMISSAIRES-PRISEURS

RUE DROUOT, N° 5

SALLE N° 3, AU 1ᵉ

Le Lundi 22 Mars et jours suivants

Par le ministère de Mᵉ **DELBERGUE-CORMONT**, Commiss.-Priseur, Rue de Provence, 8.

Assisté de M. **CLEMENT**, Marchand d'Estampes, 3, rue des Saints-Pères,

---

EXPOSITION PUBLIQUE

Le Dimanche 21 Mars 1858, de midi à cinq heures.

PARIS

RENOU & MAULDE

IMPRIMEURS DE LA COMPAGNIE DES COMMISSAIRES-PRISEURS

rue de Rivoli, 144.

—

1858

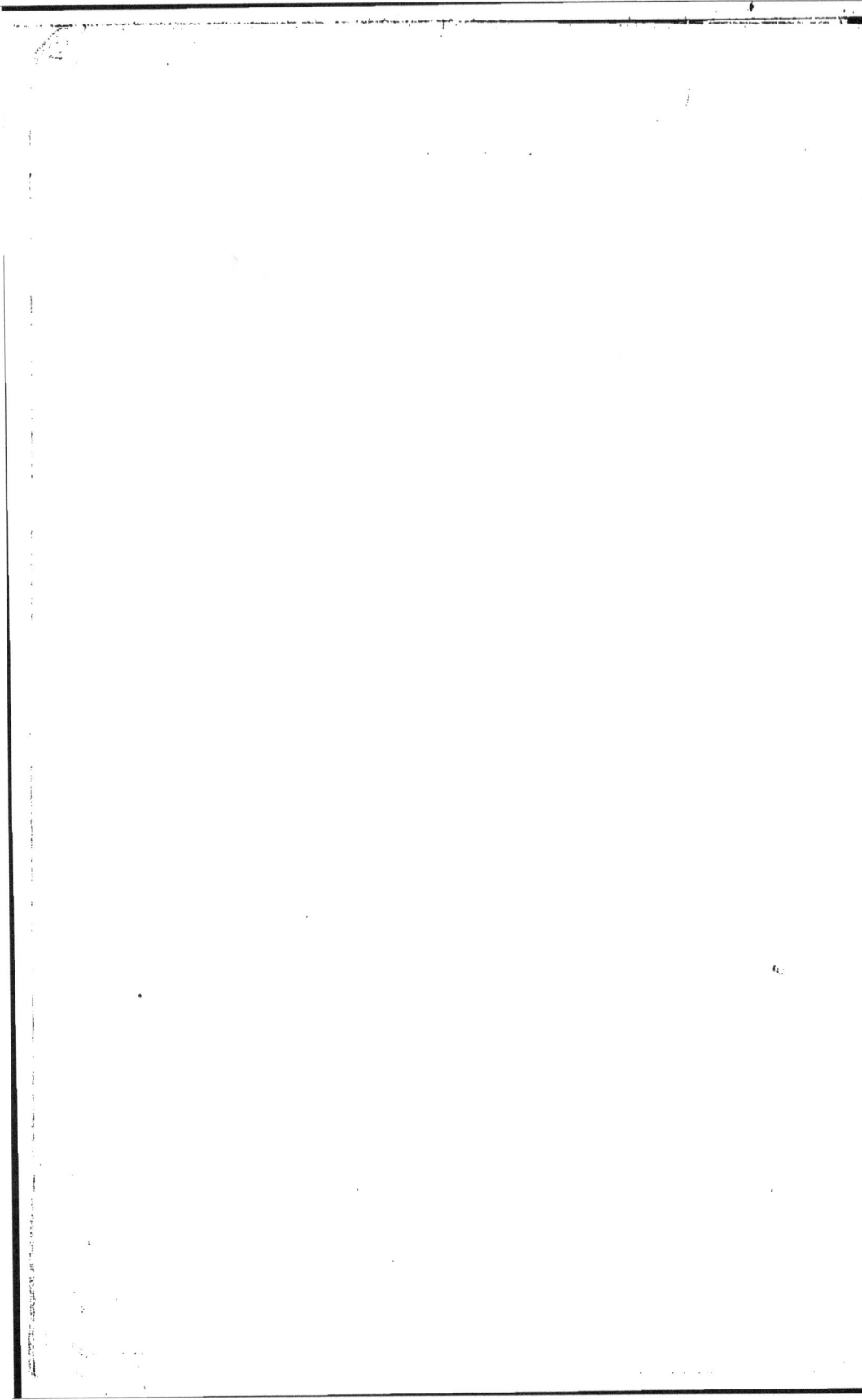

1re VACATION.	3e VACATION.
17 — 67	377 — 405
304 — 338	151 — 168
100 — 120	201 — 215
169 — 180	216 — 267
536 — 569	570 — 614
666 — 700	701 — 740
758 — 774	

2e VACATION.	4e VACATION.
68 — 99	268 — 308
338 bis 376	499 — 535
121 — 150	446 — 476
181 — 200	1 — 16
406 — 445	615 — 665
477 — 498	776 — 795
741 — 752	

5e VACATION.	6e VACATION.
No 1 à 210.	211 à 407.

COLLECTION MARTELLI

DE FLORENCE

—◆—

ESTAMPES ANCIENNES

Première Partie.

MARS 1858.

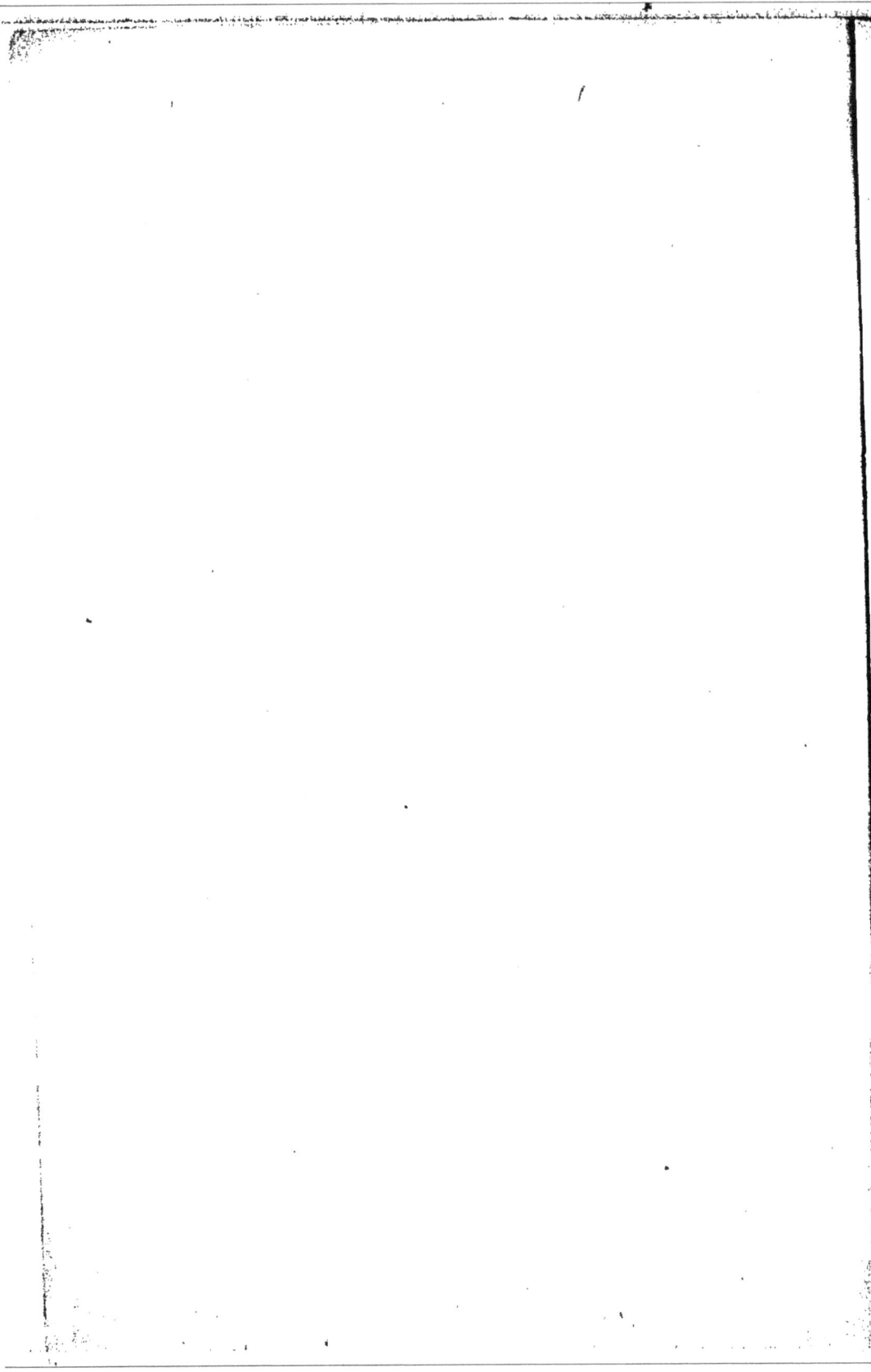

CATALOGUE

DE LA COLLECTION

D'ESTAMPES

ANCIENNES

Du cabinet de M. MARTELLI, de Florence

DONT LA VENTE AURA LIEU

HOTEL DES COMMISSAIRES - PRISEURS

RUE DROUOT, N. 5

SALLE N. 3, AU 1er,

Le Lundi 22 Mars 1858 et jours suivants à une heure

Par le ministère de Me **DELBERGUE-CORMONT**, Commissaire Priseur,
rue de Provence, 6,

Assisté de M. **CLEMENT**, Marchand d'Estampes, rue des Saints-Pères, 3.

EXPOSITION PUBLIQUE

Le Dimanche 21 Mars, de midi à cinq heures.

1858

AVERTISSEMENT.

Il y aura Exposition le matin de chaque Vacation, de onze heures à midi.

Les Expositions mettant à même MM. les Amateurs et Marchands de juger de la qualité et conservation des Estampes, il ne sera admis aucun cas rédhibitoire une fois l'adjudication prononcée.

Il sera perçu cinq pour cent en sus des enchères.

Un ordre de vacation sera délivré ultérieurement.

M. CLÉMENT se charge des commissions qui lui seront adressées.

LE PRÉSENT CATALOGUE SE DISTRIBUE :

A PARIS ....
Chez M. DELBERGUE-CORMONT, commissaire-priseur, rue de Provence, 8 ;
M. CLÉMENT, marchand d'estampes, rue des Saints-Pères, 3 ;
M. POTIER, libraire, quai Malaquais, 11 ;

A LONDRES............
— M. COLNAGHI, marchand d'estampes.
MM. GRAVES et Cie ;
M. EVANS ;

A AMSTERDAM ......
— MM. BUFFA et Fils ;
MM. BUFFA Frères ;

A LEIPSICK..........
— M. DRUGULIN ;
M. WEIGEL ;

A VIENNE .... — MM. ARTARIA et Cie ;
A LIÉGE .... — M. VAN MARCK ;
A ROTTERDAM. . ... — M. LAMME ;
A MANNHEIM....... — MM. ARTARIA et FONTAINE ;
A MUNICH........... — M. MONTMORILLON ;
A BRUXELLES .... — M. GERUSET, marchand d'objets d'art.

AVANT-PROPOS

La collection que nous offrons aujourd'hui aux amateurs a été commencée dès l'année 1750, par le sénateur Martelli, de Florence, et continuée avec le même soin par M. le bailli Martelli, père du possesseur actuel. Depuis longtemps il ne s'était présenté une réunion d'estampes aussi nombreuse et renfermant autant de pièces curieuses, dont quelques-unes n'ont jamais été décrites.

Parmi les pièces capitales nous citerons en tête un nielle de Mazo Finiguerra, représentant l'Adoration des Mages. Ce morceau important a donné matière à de nombreuses dissertations de l'abbé Lanzi. (Voir Duchesne, *Essai sur les Nielles.*)

Parmi les maîtres anonymes : la Décollation de saint Jean, le Rémouleur et l'Amour, Jupiter et Léda, la Vie de la Vierge, en treize compartiments sur la même feuille, charmante gravure en bois d'une grande finesse.

Au nombre des maîtres connus, nous possédons une grande partie de l'œuvre d'Albert Durer, dont nous indiquons le petit Crucifix, dit pommeau d'épée de l'empereur Maximilien, d'une très-grande rareté; saint Jérôme avec les barbes, les petits Génies, la Mélancolie, magnifique épreuve, et Joachim Patenier, une des pièces les plus rares de l'œuvre; les gravures en bois sont généralement très-belles.

Notre œuvre de Van Dyck, superbe et remarquable par sa conservation, renferme quatorze eaux-fortes du 1ᵉʳ état des portraits gravés par le maître; les portraits gravés d'après lui sont pour la plupart du 1ᵉʳ état, et de la plus grande beauté.

Parmi les pièces de Lucas de Leyde, nous possédons les grands ronds de la Passion, extrêmement rares à trouver avec les bordures; de Benedetto Montagna quatre pièces, dont le nº 469, inconnu à Bartsch; de Mozetto deux pièces; de Nicolletto de Modène, les nᵒˢ 520-521, pièces très-capitales extrêmement rares, et le nº 522, très-jolie pièce inconnue à Bartsch; Marc-Antoine et ses élèves tiennent une place importante dans notre collection, et sont généralement beaux d'épreuve et bien conservés, entre autres saint Paul prêchant à Athènes, pièce capitale du maître; la suite des petits Saints, la Danse des

Amours, Amadée, le vieux Berger et le jeune homme, l'Homme frappé avec la queue de renard, la Femme aux deux éponges, le Cardinal, pièce très-rare ; du maître à l'étoile, l'Annonciation ; de Stoop, deux eaux-fortes avant le ciel, extrêmement rares, etc.

Dans les portraits de Nanteuil : le portrait de Don Juan d'Autriche, très-rare ; et une épreuve avant la lettre d'un grand portrait du marquis de Louvois, dont le vêtement n'est pas entièrement terminé, état resté inconnu à M. Robert Dumesnil.

La rapidité avec laquelle nous avons été obligés de faire ce catalogue, ne nous a pas permis d'entrer dans des détails aussi étendus que nous l'aurions désiré, nous étant contentés d'indiquer les numéros de Bartsch et de Robert Dumesnil, nous prions les amateurs d'apporter la plus grande attention à l'examen de cette collection. Cette première partie sera suivie immédiatement de la vente des estampes modernes, dont le catalogue est sous presse.

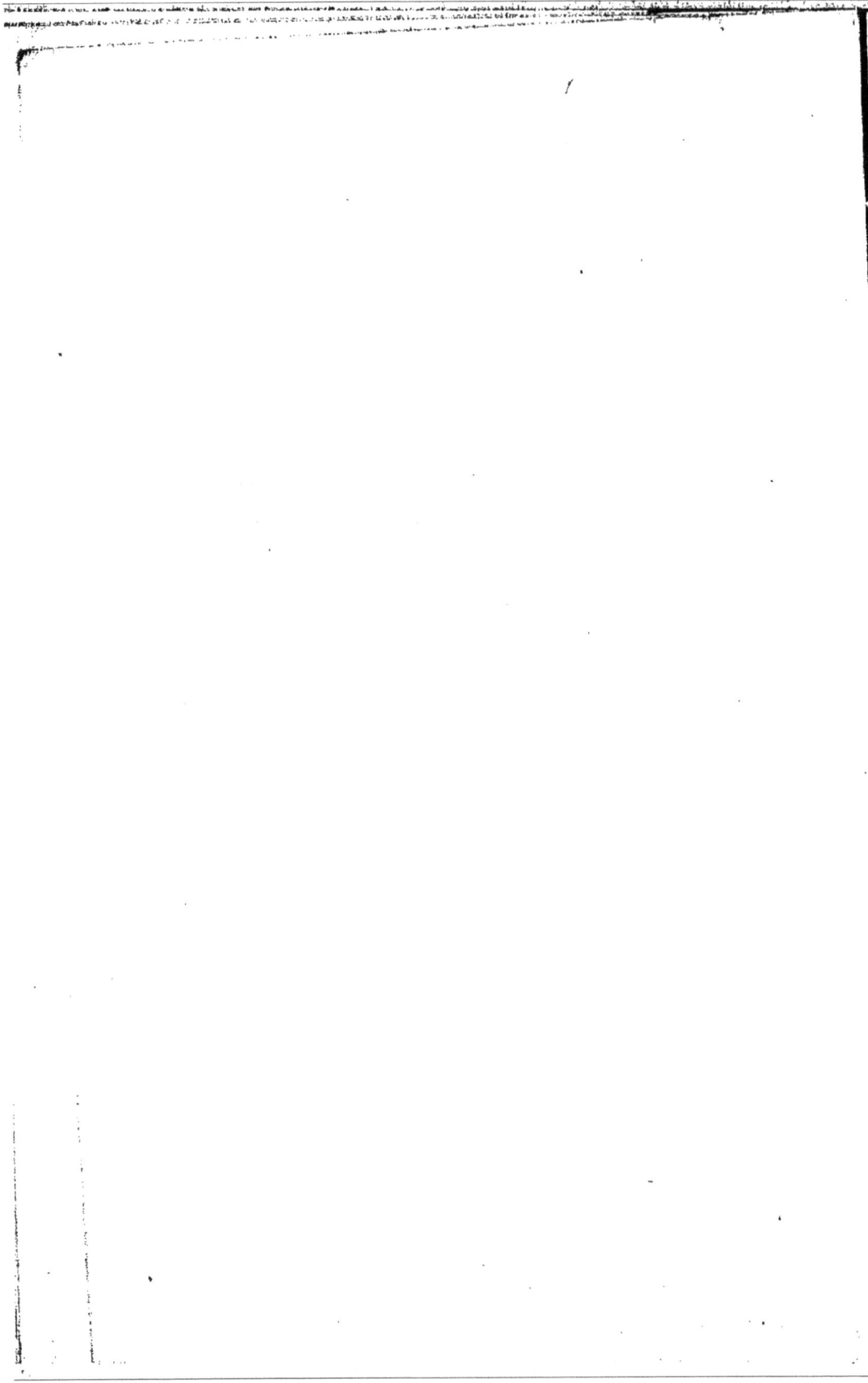

DÉSIGNATION

DES ESTAMPES

~~~~~

NIELLES.

MAZO FINIGUERRA.

Duchesne, Essai sur les Nielles, page 142.

1 — Adoration des Mages.

Magnifique estampe de la plus grande rareté, épreuve superbe et très-bien conservée, quoique rognée sur le côté gauche de 10 millimètres, et sur le côté droit de 2 millimètres.

1600 retiré

DATI (Attribué à).

Duchesne, Essai sur les Nielles, page 188.

2 — Conversion de saint Paul.

Pièce non terminée, magnifique épreuve très-bien conservée, avec une petite marge. Très-rare.

40 Clement

3 — Jésus-Christ en croix.

Duchesne, Essai sur les Nielles, page 167.
Copie au trait.

1 Cl

ANONYMES DE L'ÉCOLE ITALIENNE.

DU XVᵉ SIÈCLE.

SESTO (attribué à CESARO DA).

93
Cl

4 — La Décollation de saint Jean.

Hauteur, 230 mill. Largeur, 168 mill.

Très-belle épreuve d'une estampe très-rare, inconnue à Bartsch.

19
Cl

5 — Le Rémouleur et l'Amour.

Un Rémouleur vu de dos, fait tourner sa meule qu'un Amour arrose en léchant de l'eau.

Jolie petite pièce. Très-rare.

Haut. 52 mill. Larg. 45 mill.

16
Cl.

6 — La Vierge et l'enfant Jésus.

La Vierge, vue de face légèrement tournée vers la droite, tient sur son bras gauche l'Enfant Jésus et de la main droite une fleur, de chaque côté un ange soulève une draperie.

Charmante pièce de forme ronde. Très-belle épreuve. Très-rare.

Diam. 75 mill.

MAITRE AU MONOGRAMME PP.

100
Cl

7 — Chasse au lion (1).

Bartsch, 13ᵉ vol., page 356. Brulliot, 1ʳᵉ partie, page 308. Très-belle épreuve d'une pièce très-rare.

ANONYMES DE L'ÉCOLE ITALIENNE.

DU XVIᵉ SIÈCLE.

3.50
Gigoux

8 — Hercule étouffant Anthée.

Belle épreuve.

9 — Jupiter et Léda.

Hauteur, 150 mill. Largeur, 100 mill.

Léda, à droite, assise sur un banc et appuyée contre un arbre, est caressée par Jupiter sous la forme d'un cygne. Cette charmante estampe portant le monogramme AR à la gauche d'en bas, paraît être d'après Raphaël. Très-belle. Très-rare.

100

Cl

10 — Don Pietro Enriquez e Toledo, comte de Fuentes, avec la vue de Cambray dans le fond, portant l'inscription : *Franco forma*.

Très-beau portrait.

Haut. 212 mill. Larg. 186 mill.

13

Cl

ANONYMES DE L'ÉCOLE TOSCANE.

11 — Cartes du tarot en usage à Florence.

98 pièces. Suite curieuse et très-rare.

28

Deflorenne

11 bis — Le Génie de la Toscane, sous la figure d'une femme ailée, debout sur un lion, et tenant de chaque main une couronne qu'elle pose sur les médaillons d'Alexandre de Médicis, premier duc de Florence, et de Cosme de Médicis. Très-rare.

Hauteur, 173 mill. Largeur, 170 mill.

28

Pollet

12 — 21 pièces en bois de l'École toscane.

Suite curieuse.

8

Piot

13 — Portrait de Bandinelli.

Belle eau-forte du portrait de cet artiste. Planche inédite. In-fol.

13

Rafilly

ANONYMES DE L'ÉCOLE ALLEMANDE.

36
Gihaut

14 — La Vie de la Vierge en 13 compartiments.
Charmante gravure en bois d'une grande finesse.

Haut. 182 mill. Larg 120 mill.

2.25
Raf

15 — Couronnement d'un roi. — Paysage avec cavaliers et chirurgien coupant une jambe.
Trois curieuses pièces gravées en bois.

23
Gihaut

16 — Costumes allemands.
16 pièces gravées sur bois. Rare.

ALBERTI (CHERUBINO).

5

17 — La chapelle Sixtine (les angles).
6 pièces. Belles.

2

18 — Le Jugement dernier. — Le Père éternel, d'a-
près Michel-Ange.
2 pièces. Belles.

8
Hulot

19 — Le Christ portant sa croix. — Hercule. — L'Air,
d'après Michel-Ange (peinture de la chapelle
Sixtine).
6 pièces superbes.

6.50
W

20 — 4 Couteaux sur 2 planches avec ornements re-
naissance.
Rares et belles.

5
Cl.

21 — Portrait d'Henri IV.
Très-belle épreuve.

7.50
Arduin

21 bis — Portrait de Nicolas Beltraminusius, comte
palatin.
Le buste dans un médaillon, de chaque côté Minerve et Mercure. On
voit sur le haut la Justice tenant de la main gauche des balances et un
glaive de la main droite.
Très-belle épreuve d'un portrait inconnu à Bartsch. Très-rare.

ANDREA ANDREANI.

22 — Le Triomphe de J. César.   *51*
Hulot

Gravures en clair-obscur d'après Mantegna (A). Suite de 9 planches. Rares.
12e vol., 6e sect., n° 11.

ANDREA (ZOAN).

23 — La Danse des Quatre femmes.   *3*
Cl

Probablement d'après un dessin de Mantegna (A). Belle.

AUDRAN (B.) ET TARDIEU.

24 — Les Batailles d'Alexandre et le Triomphe de   *20*
Constantin, d'après Lebrun. 7 pièces.   *Cogliati*

Belles.

BADALOCCHIO (SIXTE ROSA dit).

25 — Mariage de sainte Catherine (26).   *2*
Lonjelet

Très-jolie eau-forte.

BALDUNG.

26 — Les Chevaux. — Le Palefrenier, 2 pièces.   *3*

En tout 3 pièces. Rares.

BALECHOU (JEAN-JACQUES).

27 — Auguste III, roi de Pologne.   *14*
Danlos

Très-belle épreuve.

BALESTRA (Antoine).

10.50
Guichardot

28 — 2 sujets de Vierg…

Très-jolies eaux-fortes.

BARON.

7
D

29 — Lord Pembrocke et sa famille, d'après Van Dyck.

Belle.

BECKETT (Jean).

5

30 — Charles Ier, roi d'Angleterre, d'après Van Dyck.

Beau portrait en manière noire.

BEHAM (Hans Sébald).

10
Hulot

31 — 4 pièces de la suite des petits saints (43, 44, 53, 54).

2 pièces de la suite des Apôtres (55, 56).

En tout 6 pièces. Superbes épreuves.

14
ω

32 — Les travaux d'Hercule.

Suite de 12 pièces (96 à 107). Manque le n° 98. Superbes épreuves, la plupart du premier état.

15
Faterel

33 — La bonne Fortune (140).

La Fortune contraire (141).

2 pièces. Superbes épreuves du 1er état.

BELLA (Stephano della).

34 — Entrée de l'ambassadeur de Pologne à Rome.

Belle épreuve avant l'adresse de Rossi.

10
Cl

35 — 5 Portraits. Come de Médicis, cardinal de Médicis, à cheval ; etc.

Belles.

18
Cl

36 — Carte méthodique et introduction à la connaissance du Blason.

4 pièces in-folio.

5.50
Defer

37 — Jardins, Vases et Arcs de Triomphe.

7 pièces. Belles.

2.50
Cl

BOCHOLT (François de).

38 — Saint André (6).

Très-rare.

So
Cl

BOISSIEU (Jean-Jacques de).

39 — Le portrait du Maître.

Première épreuve avec le portrait de femme sur le papier qu'il tient. Très-belle épreuve.

11.50
Raf

40 — Grande pièce, dite la grande Forêt.

Très-belle épreuve.

19
Guich

BOLSWERT (Schelte a)

41 — Petits paysages, d'après Rubens.

4 pièces. Belles épreuves, avec l'adresse de Gillis Hendrix.

7

41   42 — La Vierge et l'enfant Jésus, d'après Rubens.

Magnifique épreuve avec l'adresse de Martin Van Eden.

20   43 — Le Christ en croix entre les deux larrons.

Belle pièce en hauteur d'après Rubens. Superbe épreuve.

40   44 — La sainte Famille, d'après Van Dyck.

Très-belle épreuve.

27   45 — La Vierge portant sur ses genoux l'Enfant Jésus, qui est adoré par un ange, d'après Van Dyck.

Très-belle épreuve.

37   46 — Le Couronnement d'épines, d'après Van Dyck.

Belle épreuve.

BONASONE (Jules).

12.50   47 — Sujets de mythologie et de sainteté.

48 pièces dessinées et gravées par lui. Rares.

30   48 — Saint Paul faisant fuir le démon sous la forme d'un dragon. (B , 71.)

Superbe épreuve.

30   49 — Deux Satyres amenant Silène au roi Midas (59).

Superbe épreuve.

39   50 — Le dieu Pan auprès d'une Nymphe (165).

Très-belle épreuve.

35   51 — 4 Nymphes servies par des dieux marins (173).

Magnifique épreuve.

52 — Michel-Ange Buonarotti, d'après lui-même (345).

Magnifique épreuve.

100 Thiers

53 — Michel-Ange.

Portrait par un graveur anonyme.

6 Loiz

54 — Michel-Ange, à l'âge de 23 ans, en pied et assis, par un graveur anonyme.

Cette pièce a été décrite sous le n° 249 du catalogue de la salle. Belle.

7 Cl

55 — Portrait de Raphaël (347).

Très-belle épreuve du premier état.

16.50 Cl.

BRIZIO (François).

56 — Saint Pétronie, évêque de la ville de Bologne, d'après L. Carrache.

Charmante eau forte, que Bartsch donne comme très-rare.

1.25 Loiz

BRUYN (Nicolas).

57 — Petits sujets de combats d'animaux féroces.

12 pièces d'une suite rare. Belles épreuves.

14 Fremyn

CALLOT.

58 — Marché aux esclaves avant la vue de Paris qui fait le fond.

Belle.

12.50 Rochoux

59 — La grande Passion.

6 pièces. Belles épreuves.

3 Hulot

8.50

60 — Jésus-Christ, la Vierge et les Apôtres.

Suite de 16 pièces, manque le saint Paul. Belles épreuves avant les numéros.

9.50

61 — La Tentation de saint Antoine.

2 compositions différentes. La première, planche très-rare ; la deuxième, très-belle, mais avec les rosettes.

1

62 — Saint Nicolas.

Belle.

7

Rap

63 — La Vie de l'Enfant prodigue.

14 pièces. Belles épreuves avant les numéros.

6

64 — Histoire de la maison de Médicis.

15 pièces, manque la 16e. Belles.

65 — Siége de l'île de Ré.

16 pièces compris les banderolles. Très-rare à trouver, complet. Belles.

90

Dafer

66 — Siége de La Rochelle, avec les banderolles, complet.

16 planches. Magnifique exemplaire, rare en cet état.

67 — Siége de Breda, avec les banderolles.

10 planches. Magnifique exemplaire complet et rare à trouver en cet état.

CANTARINI (dit Pezarezze).

4.50

Cl

68 — 4 eaux-fortes, dont le grand saint Antoine de Padoue. (25).

Belles.

CARAGLIO (JACQUES).

69 — Les Divinités de la Fable.

Suite de 20 planches gravées d'après maître Roux. 19 planches. Belles, (24 à 43), manque le n° 17.

7
Gigoux

70 — Mercure enlevant Psyché dans l'Olympe, d'après Raphaël (50).

3
Defl

71 — L'École d'un ancien philosophe (57).

Très-belle épreuve.

6.50
Van Os

CARPI (HUGO DE).

72 — L'Envie chassée du temple des Muses.

Très-beau clair-obscur que Bartsch indique comme très-beau et très-rare, page 133, 12e vol.

21
Le Blanc

CARRACHE (ANNIBAL).

73 — La Soucoupe. (B. 18.)

Belle épreuve, plus une copie en contre-partie.

8
Pollet

74 — Saint Jérôme (14).

Très-belle épreuve.

2

CARRACHE (AUG.).

75 — L'Eventail (260).

Belle épreuve.

5
Cl

76 — Lorenzo Buodelmouti.

Petit portrait ovale dans un entourage d'ornements, non décrit par Bartsch. Très-belle.

9.50
Loiz

Haut. 90 mill., larg. 71 mill.

CARS (Louis).

6

α

77 — Portrait de Marie Leczinska, d'après Van Loo.

Rare et belle.

CASA (Nic. della).

13

Roch

78 — Portrait de Baccio Bandinelli, avec la copie en contre-partie.

2 planches superbes.

CAVALLEERIS.

4.50

79 — Le Martyre de saint Pierre, d'après Michel-Ange.

Rare.

CLOUET (Pierre).

40

Fatout

80 — Saint Antoine l'Egyptien sur son lit de mort, d'après Rubens.

Superbe épreuve.

19

id

81 — La Descente de Croix, d'après Rubens.

Très-belle épreuve avec l'adresse de Meysdens.

COLLIGNON (de Nancy).

5

Roch

82 — La Reine de Saba se présentant à Salomon.

Charmante et curieuse pièce en travers.

COUVAY.

83 — Marie Stuart, reine d'Ecosse.

Dans le fond on voit son supplice. Magnifique épreuve d'un portrait rare.

48
Didot

84 — Gaston d'Orléans enfant, frère de Louis XIII, d'après Juste d'Egmont.

Très-belle épreuve d'un portrait rare.

16.50
ω

CRANACH (Lucas).

85 — La Pénitence de saint Chrysostôme. (B., 1.)

Pièce gravée au burin. Très-belle.

25
Cl

86 — La Passion.

Suite de 15 estampes (6 à 20). Nous avons seulement 7 p. Belles. Bois.

11.50
Defl

87 — Jésus-Christ et les Apôtres.

Suite de 13 pièces (28 à 36). Belles.

17
Schulger

88 — La Tentation (56).

Belle.

5.50
Roch

89 — Tournoi (125).

12
Didot

90 — Mélanchton (153).

Gravure en bois.

2
Cl

CRISPIN DE PASSE (attribué à).

91 — Elisabeth, reine d'Angleterre, en pied.

Magnifique épreuve d'un portrait très-curieux.

2 10
Cl

DAGOTY.

4
Cl

92 — Conspiration de Catilina, d'après Salvator Rosa.

Deux pièces curieuses en manière noire. L'une imprimée en couleur, d'un bel effet.

DALEN (CORNEILLE VAN).

42
Jacobi

93 — Portrait du Giorgion, d'après le Titien.

Très-belle épreuve avant la lettre.

47
Jacobi

94 — Portrait de Seb. del Piombo, d'après le Titien.

Très-belle épreuve avant la lettre.

DELAULNE (ÉTIENNE).

11
Roch

95 — Frises. Combats et sujets de chasse.

Belles épreuves. 12 pièces.

DIETRICH.

21
Fatout

96 — Le Charlatan.

Le Marchand de Lunettes.

2 pièces. Belles.

DREVET (PIERRE).

26
Arduin

97 — Robert de Cotte, d'après Rigaud.

Premier état avant le mot architecte. Superbe.

10
Cl

98 — Louis XV enfant, en manteau royal, d'après Rigaud.

Belle épreuve.

99 — Laubespine (Marie de), femme de Nicolas Lambert, seigneur de Thorigny.

61

Superbe et très-rare épreuve avant toutes lettres et les armes.

DURER (Albert).

100 — Adam et Ève. (B., 1.)

29 Blaisot

Pièce capitale.

101 — La Nativité. (B., 2.)

30 Falont

Jolie pièce.

102 — Jésus-Christ en prière au jardin des Olives. (B., 19.)

3 Defl

Belle.

103 — L'Homme de douleurs assis. (B., 22.)

1 Hulot

104 — Petit Crucifix, dit pommeau d'épée. (B., 23.)

505 Cl
29 Cl

Planche ronde extrêmement rare. L'original de Bartsch. Beau. — Plus deux copies. Pourra être divisé.

105 — Jésus-Christ expirant sur la croix. (B., 24.)

19 Defl

Très-belle épreuve.

106 — La Face de Jésus-Christ. (B., 25.)

5-50 Gigoux

Belle épreuve.

107 — L'Enfant prodigue. (B., 28.)

51

Très-belle épreuve.

108 — Sainte Anne et la jeune Vierge. (B., 29.)

46 Cl

Très-belle épreuve.

30
Cl

109 — La Vierge à la couronne d'étoiles et au sceptre.
  (B., 32.)

Belle épreuve d'une pièce rare.

42
Thiers

110 — La Vierge aux cheveux courts, avec bandelette.
  (B., 33.)

Très-belle et rare.

72
Vignères

111 — La Vierge assise embrassant l'enfant Jésus.
  (B., 35.)

Très-belle épreuve.

26
Fremyn

112 — La Vierge couronnée par deux anges. (B., 39.)

Très-belle épreuve.

40
V

113 — La Vierge à la poire. (B., 41.)

Très-belle épreuve.

30
Roch

114 — La sainte Vierge au papillon. (B., 44.)

Belle épreuve.

130
Cl

115 — La Vierge à la porte. (B., 45.)

Belle épreuve d'une pièce très-rare du maître.

41
Gigoux

116 — Les 6 Disciples de Jésus-Christ. (B., 46 à 50.)

Belles épreuves très-égales de ton.

3
Hulot

117 — Saint Christophe à la tête retournée. (B., 51.)

3.50
Gigoux

118 — Saint Christophe. (B., 52.)

25
Hulot

119 — Saint Georges à pied. (B., 53.)

Belle épreuve.

120 — Saint Georges à cheval. (B., 54.)   20   *Cl*

Jolie pièce.

121 — Saint Sébastien attaché à un arbre. (B., 55.)   15   *Guich*

Belle.

122 — Saint Sébastien attaché à une colonne. (B., 56.)   10.50   *Hulot*

Belle.

123 — Saint Eustache ou saint Hubert. (B., 57.)   50   *Cl*

Belle épreuve d'une pièce capitale du maître.

124 — Saint Antoine. (B., 58.)   60   *Cl*

Très-belle épreuve de cette pièce ordinairement faible.

125 — Saint Jérôme. (B., 59.)   500   *Didot*

Très-belle épreuve, avec de la manière noire, fort rare dans cet état.

126 — Saint Jérôme dans sa cellule. (B., 60.)   18.50   *D*

Belle.

127 — Saint Jérôme en pénitence. (B., 61.)   41   *Hulot*

Belle.

128 — Sainte Geneviève. (B., 63.)   26   *Schulger*

Belle.

129 — Les trois Génies. (B., 66.)   171   *Cl*

Très-belle épreuve d'une jolie pièce.

130 — La Sorcière. (B., 67.)   99   *Rochoux*

Très-belle épreuve d'une jolie pièce.

131 — Apollon et Diane. (B., 68.)   40   *Hulot*

Très-belle épreuve.

2

28
Hulot

132 — La Famille du Satyre. (B., 69.)

Belle épreuve.

14

133 — Cinq études de figures. (B., 70.)

Très-belle.

53
Didot

134 — L'Enlèvement d'Amymone. (B., 71.)

Très-belle épreuve.

2.50
Guyoux

135 — Le Ravissement d'une jeune femme. (B., 72.)

Belle épreuve.

26
Pollet

136 — L'Effet de la jalousie. (B., 73.)

Belle épreuve d'une pièce capitale.

221
De Pommereuil

137 — La Mélancolie. (B., 74.)

Magnifique épreuve d'une pièce capitale.

237
Le Blanc

138 — Le Groupe des quatre Femmes nues. (B., 75.)

Superbe épreuve.

25

139 — L'Oisiveté. (B., 76.)

50
Doff

140 — La grande Fortune. (B., 77.)

Pièce capitale.

20

141 — La petite Fortune. (B., 78.)

Très-belle.

89
Le Blanc

142 — Le petit Courrier. (B., 80.)

Superbe épreuve de cette charmante pièce.

51
Rousset

143 — La Dame à cheval. (B., 82.)

Très-jolie épreuve.

144 — L'Hôtesse et le Cuisinier. (B., 84.)   14.50

Très-belle.   *Pollet*

145 — L'Oriental et sa Femme. (B., 85.)   8

146 — Les trois Paysans. (B., 86.)   41

Belle.   *Loiz*

147 — L'Enseigne. (B., 87.)   43

Très-belle.   *Cl*

148 — L'Assemblée des Gens de guerre. (B., 88).   96

Très-belle épreuve d'une jolie pièce.   *Blaisot*

149 — Le Paysan du marché. (B., 89.)   10

Belle.   *Roch*

150 — Le Branle. (B., 90.)   90

Très-belle épreuve d'une pièce ordinairement faible.   *Freneyn*

151 — Le Violent. (B., 92.)   9.50

Belle.

152 — Les Offres d'amour. (B., 93.)   17.50

     Defl

153 — Le Seigneur et la Dame. (B., 94.)   39

Très-belle.   *Cl*

154 — Le Pourceau monstrueux. (B., 95.)   5.50

Très-belle.   *Le Blanc*

155 — Le petit Cheval. (B., 96.)   39

Très-belle.   *Le Blanc*

156 — Le grand Cheval. (B., 97.)   8

     Soutzo

72
Cl

157 — Le Cheval de la Mort. (B., 98.)

Très-belle épreuve d'une pièce capitale du maître.

6.50
Gégoux

158 — Le Canon. (B., 99.)

Belle.

32
Schulger

159 — Les Armoiries au coq. (B., 100.)

Belle.

35
Defl

160 — Les Armoiries à la tête de mort. (B., 101.)

Belle.

54
Cl

161 — Albert de Mayence, vu de face. (B., 102.)

Très-belle épreuve d'une pièce rare.

34
Cl

162 — Albert de Mayence, vu de profil. (B., 103.)

Belle.

20
Soutzo

163 — Frédéric électeur de Saxe. (B., 104.)

Belle.

44
Cl

164 — Philippe Melenchton. (B., 105.)

Très-belle.

12
Soutzo

165 — Bilibald Pirkheimer. (B., 106.)

Belle.

7
Hulot

166 — Erasme de Rotterdam. (B., 107.)

260
Roussel

167 — Joachim Patenier, peintre de Dinant. (B., 108.)

Magnifique épreuve d'un portrait très-rare.

39
Cl

168 — Gravure anonyme portant le monogramme du Maître et représentant le Christ, auquel on présente un roseau.

Gravé avec beaucoup d'énergie. — Belle.

GRAVURES EN BOIS.

169 — Caïn tuant Abel (1).   *62*

Petite pièce rare.

170 — L'Adoration des rois (3).   *2.50*

Belle.

171 — La grande Passion de Jésus-Christ (4-15).   *91* *Raf*

Suite de douze estampes. Première épreuve avant le texte. — Très-belles.

172 — La petite Passion de Jésus-Christ (16-52).   *41* *Hulot*

Suite de trente-sept pièces. — Belles.

173 — Jésus-Christ célébrant la Cène.   *2.25*

Belle épreuve, plus la copie A.

174 — Jésus au jardin des Olives.   *21*

Jésus en Croix.

Jésus en Croix (54, 55, 56).

Belles.

175 — Jésus-Christ à la Croix (58).   *20* *Raf*

Belle.

176 — L'Apocalypse de saint Jean (60 à 75).   *75* *Hulot*

Suite de seize pièces. Première édition, avec le texte allemand.

177 — La Vie de la Vierge (76 à 95).   *60* *Hulot*

Suite de vingt estampes. Seconde édition, avec le texte.

26   178 — Deux saintes Familles et le Calvaire (50, 96, 97).

18   179 — Deux sujets de Vierge, plus une copie du numéro 99 (98-99).

Belles.

12.50   180 — Deux sujets de Vierge, plus une copie du numéro 101. (100-101.)

Trois pièces. — Belles.

5   181 — Samson tuant le Lion.

La Vierge assise.

Saint Elie. (2, 102, 107.)

Trois pièces.

13   182 — Saint Christophe. (103.)
Belle.

45   183 — Saint Christophe.

Imprimé sur papier bleu.

Saint Colomon. (105, 106.)

Belles.

15   184 — Différents saints. (108, 109, 110.)
Belles.

13   185 — Saint Georges.

Saint Jean et saint Jérôme.

Saint Jérôme dans une grotte, deux fois.

Saint Jérôme dans sa cellule. (111, 112, 113, 114.)

Cinq pièces. — Belles.

186 — Huit Saints, Patrons d'Autriche.

Trois Evêques debout.

Un Saint qui se mortifie. (116, 118, 119.)

14
Schulger

187 — Le Supplice des dix mille Martyrs. (117.)

Imprimé sur papier bleu. — Belle.

15
id

188 — Le Martyre de sainte Catherine.

Sainte Madeleine. (120, 121.)

3
id

189 — La sainte Trinité. (122.)

Belle.

16

190 — Jésus apparaissant à saint Grégoire. (123.)

Belle.

23
Raf

191 — Le Jugement universel.

La Décollation de saint Jean.

Hérodiade recevant la tête de saint Jean. (124, 125, 126.)

13
Schulger

192 — Un Homme assommant avec une massue un autre homme armé de toutes pièces.

Six hommes dans un bain. (127, 128.)

9

193 — Un Homme à cheval.

La Mort montrant un sablier à un Soldat (accompagné du texte).

Un Maître d'école. (131, 132, 133.)

58
Raf

194 — Le Rhinocéros.

Le Siége d'une ville. (136, 137.)

Belles.

27
Schulger

80
Guich

195 — Le Triomphe de Maximilien. (138.)

Grande planche de huit feuilles assemblées. 2e état, daté 1523.— Rare.

230
Hulot

196 — L'Arc triomphal de l'empereur Maximilien. (138)

Grand nombre de morceaux sur vingt-six feuilles.

(Voir la description de Bartsch.)—Très-rare. Anciennes épreuves.

99
Hulot

197 — Six ronds qui offrent des dessins de broderie (140 à 145).

Très-rare à trouver. Complet.

20

198 — Quatre pièces pour le Livre de la Perspective de Pfintzing (146 à 149).

Belles.

32
Hulot

199 — Dessin du Globe céleste (151, 152).

Deux pièces. — Belles.

32

200 — L'Empereur Maximilien (153).

Belle épreuve.

28
Schulger

201 — Le même portrait (154).

Belle.

30
Cl

202 — Ulric Varnbuler (155).

Belle.

47
Raf.

203 — Le portrait d'Albert Durer (156).

Première, seconde et troisième épreuves.
Trois pièces.

17

204 — Cinq Ecus des Armoiries impériales. (158).
Les Armoiries de la Famille de Beheva (158, 159).

Bois. — Belles.

205 — Les Armoiries de la Famille de Kresen.

Les Armoiries de la Ville de Nuremberg. 28

Les Armoiries de Pomer (161, 162, 163).

Belles.

206 — Les Armoiries de Jean Stab.

24

Les Armoiries de Laurent Staïber.

Un Écu offrant un homme sauvage (165, 167, 170).

Belle.

207 -- La sainte Famille. 17

La Tête du Christ (10, 26 de l'appendice). *Cl*

Belles.

208 — La Vierge assise sur un banc de gazon. 37

La Vierge à mi-corps. (13, 14 de l'appendice). *Cl*

Deux épreuves avant et avec le monogramme. Trois pièces. — Belles.

209 — Saint Christophe. 7

Saint Martin. (16, 18 de l'appendice).

Belles.

210 — Saint Sébalde. 16

Avant le monogramme.

Saint Sébastien. (21, 22 de l'appendice).

Bois. — Belles.

11
Raf

211 — Sainte Barbe.

Deux épreuves, une avant et une avec le monogramme.

Sainte Catherine. (24, 25 de l'appendice.)

Avec le monogramme. Bois. Trois pièces. Belles.

32
Raf

212 — Deux pièces allégoriques. (33 et 34 de l'appendice.)

Belles.

13.50

213 — La Danse aux flambeaux (38 de l'appendice).
Belle.

DUSART (CORNEILLE).

6.50
Le Blanc

214 — La Fête de village (B., 16).

Très-belle épreuve.

5.50
Van Os

215 — La Ventouse. (12.)

Très-belle épreuve.

6
Hulot

215 bis — Le Joueur de violon assis (8).

Très-belle épreuve.

PORTRAITS DE VAN DYCK

PORTRAITS GRAVÉS A L'EAU-FORTE PAR A. VAN DYCK.

Pour le classement nous avons suivi l'ordre numérique des états adop-
tés par M. Carpenter dans le catalogue qu'il a publié sur l'œuvre de ce
maître.

216 — Breughel (Jean), dit de Velours (1).

Magnifique épreuve du 2e état.

91
Cl

217 — Breughel (Pierre), dit le Drôle (2).

Superbe épreuve du 1er état.

96
Cl

218 — Cornelissen (Antoine) (3).

Superbe épreuve du 1er état de la planche, terminée par L. Vosterman.

60
Cl

219 — Dyck (Antoine Van). (4.)

Superbe épreuve du 1er état.

435
Cl

220 — Erasme (Didier). (5.)

Magnifique épreuve du 1er état.

87
Hulot

221 — Franck (François). (6.)

Magnifique épreuve du 3e état.

115
Cl

222 — Momper (Josse de). (7.)

Superbe épreuve du 1er état.

97
Cl

36
Hulot

223 — Momper (Josse de). (8.)

Très-belle épreuve du 1er état de la planche, terminée par L. Vosterman.

122
Cl

224 — Oort ou Noort (Adrien Van). (9.)

Superbe épreuve du 2e état.

230
Cl

225 — Pontius (Paul). (10.)

Superbe épreuve du 2e état.

190
Cl

226 — Leroy (Philippe). (11.)

Superbe épreuve du 1er état avec la tache d'eau-forte très-vigoureuse.

201
Van Os

227 — Snellincx (Jean). (13.)

Superbe épreuve du 1er état.

35
Cl

228 — Jean Snellincx. (14.)

Superbe épreuve du 2e état de la planche, terminée par de Jode, avec le nom du graveur et l'adresse M. V. E.

36
Hulot

229 — Snyders (François) (15).

Superbe épreuve du 1er état de la planche, terminée par J. Neefs.

301
Cl

230 — Suttermans (Juste). (17.)

Superbe épreuve du 1er état.

42
Cl

231 — Triest (Antoine) (Carpenter, 18).

Superbe épreuve du 1er état de la planche terminée par P. de Jode, avec le mot Topahica, au lieu de Toparcha.

405
Cl

232 — Vosterman (Lucas). (19.)

Superbe épreuve du 1er état.

54
Cl

233 — Vos (Guillaume de). (20.)

Magnifique épreuve du 2e état.

234 — Vos (Paul de). (21.)

Superbe épreuve de la planche terminée par J. Meyssens.

50
Hulot

235 — Wael (Jean de). (22.)

Magnifique épreuve du 1er état.

190
Cl

236 — Waverius (Jean). (23.)

Superbe épreuve du 1er état de la planche terminée, par P. Pontius.

46
Cl

237 — Titien et sa Maîtresse.

Très-belle épreuve avec l'adresse de Bon-Enfant.

10
Hulot

PORTRAITS GRAVÉS D'APRÈS VAN DYCK

POUR L'ÉDITEUR

MARTIN VAN DEN ENDEN

Pour ne pas répéter les mots : « Tiré avec l'adresse de Martin Vanden Enden, » nous prévenons que tous les portraits de cette série sont tirés avec cette adresse, et sont presque tous du 1er état. Nous avons suivi l'ordre du catalogue Weber.

SHELTE A. BOLSWERT.

238 — Barbe (Jean-Baptiste). (3.)

Très-belle épreuve du 1er état.

10
Cl.

239 — Brauwer (Adrien). (4.)

Superbe épreuve du 1er état avec Abraham Brauwer.

240 — Lipse (Juste). (5.)

Superbe épreuve du 1er état.

241 — Pepyn (Martin). (6.)

Magnifique épreuve du 1er état.

242 — Uranex (Sébastien). (7.)

Superbe épreuve du 1er état.

243 — Marguerite de Lorraine (8).

Magnifique épr. du 2e état.

DELFF (Guillaume).

244 — Mirevelt (Michel). (9.)

Superbe épreuve du 2e état, avec le nom du graveur Hondius, qui a été changé dans le 2e état.

GALLE (Corneille).

245 — Wolfart (Artus). (10.)

Magnifique épr. du 1er état.

HONDIUS (Guillaume).

246 — Franck (François). (11.)

Superbe épr. du 1er état.

247 — Hondius (Guillaume). (12.)

Magnifique épreuve du 1er état.

ARNOULD DE JODE.

248 — Howard (Catherine). (13.)   *6*

Très-belle épreuve du seul état connu.   *Lorj*

PIERRE DE JODE (LE JEUNE).

249 — F'serckes de Tilly (Jean comte de). (14.)   *8.50*

Très-belle épr. du 2ᵉ état.   *V*

250 — Coster (Adam de). (15.)   *29*

Magnifique épr. du 1ᵉʳ état, avant la main droite qui est indiquée au trait.   *Cl*

251 — Halmalius (Paul). (16.)   *23*

Superbe épr. du 1ᵉʳ état.   *D*

252 — Jordaens (Jacques). (17.)   *23*

Superbe épr. du 1ᵉʳ état.   *Cl*

253 — Nole (André Colyns de). (18.)   *27*

Superbe épr. du 1ᵉʳ état.   *Hulot*

254 — Poelenburg (Corneille). (19.)   *20*

Superbe épr. du 1ᵉʳ état.   *Cl*

255 — Puteanus (Erycius). (20.)   *20*

Très-belle épr. du 2ᵉ état.   *Cl*

256 — Tuldenus (Diodore). (23.)   *20*

Très-belle épr. du 1ᵉʳ état.   *Cl*

257 — Wallenstein (Albert, comte de). (24.)   *29*

Superbe épr. du 1ᵉʳ état.   *Le Blanc*

18
Hulot

258 — Urphé (Geneviève d'). (25.)

Très-belle épr. du 2ᵉ état.

NICOLAS LAUWERS.

6
Cl

259 — Blancatcio (frère Lelio). (26.)

Très-belle épr. du 1ᵉʳ état.

PAUL PONTIUS.

23
D

260 — Balen (Henri Van). (27.)

Magnifique épr. du 1ᵉʳ état.

43

261 — Breuck (Jacques de). (29.)

Magnifique épr. du 1ᵉʳ état.

26
Cl

262 — Crayer (Gaspard de). (31.)

Superbe épr. du 1ᵉʳ état.

20
Cl

263 — Geest (Corneille Van der). (33.)

Superbe épreuve du 1ᵉʳ état.

16
Cl

264 — Gévartius (Gaspard). (34.)

Superbe épr. du 1ᵉʳ état.

23
Cl

265 — Honthorst (Gérard). (37.)

Magnifique épr. du 1ᵉʳ état.

9
D

266 — Hugens (Chevalier Constant). (38.)

Très-belle épr. du 1ᵉʳ état.

18.50
Cl

267 — Miraeus (Aubert). (39.)

Superbe épr. du 1ᵉʳ état.

268 — Mytens (Daniel). (40.)

17
Cl

Superbe épr. du 1er état.

269 — Palamèdes (Palamedessen). (42.)

10
Cl

Superbe épr. du 1er état.

270 — Pontius (Paul). (48.)

26
Cl

Superbe épr. du 1er état.

271 — Rombouts (Théodore). (45.)

27
Cl

Superbe épr. du 1er état.

272 — Rubens (Pierre Paul). (46.)

60
Fatout

Superbe épr. du 1er état.

273 — Scaglia (César-Alexandre). (47.)

19
Cl

Superbe épr. du 1er état que Weber indique comme presque unique.

274 — Seghers (Gérard). (49.)

10
Cl

Superbe épr. du 1er état.

275 — Stalbent (Adrien Van). (50).

10.50
Cl

Superbe épr. du 1er état.

276 — Steennwyck (Henri). (51.)

10.50
Cl

Superbe épr. du 1er état.

277 — Van Loon (Théodore). (52.)

10
D

Très-belle épr. du 1er état.

278 — Vos (Simon de). (53.)

14.50
Cl

Superbe épr. du 1er état.

279 — Wildens (Jean). (55.)

9
D

Très-belle épr. du 1er état.

14
Cl

280 — Marie de Médicis (56).

Superbe épr. du 2ᵉ état.

ANDRÉ STOCK.

10
Cl

281 — Snayers (Pierre) (57), peintre d'histoire.

Superbe épr. du 1ᵉʳ état.

ROBERT VAN VOERST.

9.50
Cl

282 — Digbi (Sir Kenelme). (58.)

Superbe épr. du 1ᵉʳ état.

14
Cl

283 — Jones (Inigo). (59.)

Très-belle épr. du 1ᵉʳ état.

12
Cl

284 — Voerst (Robert Van). (60.)

Très-belle épr. du 2ᵉ état.

13
Cl

285 — Vouet (Simon). (61.)

Magnifique épr. du 2ᵉ état, avec les caractères plus petits.

VOSTERMAN (Lucas).

8.50
D

286 — Cachiopin (Jacques de). (62.)

Magnifique épr. du 1ᵉʳ état.

24
Cl

287 — Callot (Jacques). (63.)

Magnifique épreuve du 1ᵉʳ état.

14
Cl.

288 — Delmont (Déodat). (66.)

Superbe épr. du 1ᵉʳ état.

289 — Dyck (Antoine Van). (67.)
Superbe épr. du 1er état.

23
Cl

290 — Eyden (Hubert Van den). (68.)
Superbe épr. du 1er état.

11
Cl

291 — Galle (Théodore). (69.)
Superbe épr. du 1er état.

10
Cl

292 — Gentileschi (Horace). (71.)
Magnifique épr. du 1er état.

19
Cl

293 — Jode (Pierre de), dit le Vieux. (72.)
Magnifique épr. du 1er état.

37
Cl

294 — Livens (Jean). (73.)
Magnifique épr. du 1er état.

24
Cl

295 — Mallery (Charles de). (74.)
Superbe épr. du 1er état.

40
Cl

296 — Milder (Jean Van). (75.)
Superbe épr. du 1er état.

8
Cl

297 — Peiresc (Nicolas-Fabrice de). (77.)
Magnifique épr. du 1er état.

25
Cl

298 — Sachtelven (Corneille). (78.)
Superbe épr. du 1er état.

13
Le Blanc

299 — Schut (Corneille). (79.)
Superbe épr. du 1er état.

10.50
Cl

300 — Spinola (don Ambroise). (80.)
Très-belle épr. du 1er état.

7
Cl

20
Cl

301 — Stevens (Pierre). (81.)

Magnifique épr. du 2ᵉ état.

13
Cl

302 — Uden (Lucas Van). (82.)

Superbe épr. du 1ᵉʳ état.

18
Cl

303 — Vos (Corneille de). (83.)

Très-belle épr. du 1ᵉ état.

PORTRAITS D'APRÈS VAN DYCK

GRAVÉS POUR

GILLIS HENDRIX, J. MEYSSENS ET AUTRES

Nous avons indiqué les portraits décrits par Weber en désignant la page de son catalogue.

5
D

304 — Ruthven (Lady-Mary), par S.-A. Bolswert (101).

Très-belle épr. du 2ᵉ état.

3
Cl

305 — Holland (Henri-Rich, comte de), par Pierre Clouwet (102).

Très-belle épr. du 2ᵉ état, avec l'adresse de Gillis Hendrix.

306 — Jode (Pierre de, le Jeune), par Pierre de Jode (102).   45   *Cl*

Superbe et très-rare épreuve d'un état non décrit avant la lettre et le titre manuscrit.

307 — Blois (Jeanne de), par P. de Jode (103).   9.50   *D*

Superbe épreuve. On ne connaît qu'un état.

308   Isabelle-Claire-Eugénie, par L. Vosterman (108).   29   *Cl*

Superbe épreuve du 1er état avant les lettres G. H.

309 — Henriette de Lorraine, par C. Galle le jeune (111).   8.50   *V*

Très-belle épreuve du 1er état, avec l'adresse de Meyssens.

310 — Cusance (Béatrix de), duchesse de Lorraine, par P. de Jode (112).   19   *Loiz*

1er état. Superbe épreuve, avec l'adresse de Meyssens.

311 — Taié (Engelbert), par P. de Jode (112).   3

Très-belle épreuve du 1er état avec l'adresse de J. Meyssens.

312 — Aremberg (Marie comtesse d'), par Paul Pontius (113).   11.50   *D*

Superbe épreuve du 1er état avec l'adresse de J. Meyssens.

313 — Croy (Marie-Claire de), duchesse de Havré, par Conrad Waumans (114).   9   *D*

Superbe épreuve du 1er état avec l'adresse de J. Meyssens.

314 — Orange (Emélie de Salms, princesse d'), par Conrad Waumans (114).   7.50   *Defl*

Superbe. 1er état avec l'adresse de J. Meyssens.

16   315 — Opstal (Antoine Van). (116.)

Superbe épreuve du 1er état avant la retouche au burin.

6.50   316 — Rogiers (Théodore), par P. Clouet (117.

Très-belle épreuve avant l'adresse.

4   317 — Liberti (Henri). (121.)

Superbe épreuve.

6   318 — Gerbier (Balthazar), par P. Pontius (124).

Très-belle épreuve avant l'adresse de Stent.

13   319 — Pembroke (Philippe-Henri), par R. Van Voerst
Cl   (127).

Très-rare épreuve avant la lettre.

7   320 — Vosterman (Lucas), par lui-même (128).
Cl   Très-belle épreuve.

6.50   321 — Lucia Percy, comtesse de Carlisle, par Pierre
D   de Baillue.

Très-belle épreuve du 1er état avec l'adresse de Meyssens.

6.50   322 — Anna Wake, par P. Clouwet.
Defl   Très-belle.

10.50   323 — Henriette d'Angleterre, par Joseph Couchet
Cl   Gillis Hendrix exc. Belle épreuve.

10   324 — Meyssens (Jean), par C. Galle le jeune.
Cl   Magnifique épreuve.

7   325 — Lemon (Marguerite), par Gaywood.
Cl   Très-belle épreuve avant la lettre.

326 — Charles-Louis, comte palatin, par W. Hollar. *12*
Cl

Très-belle épreuve.

327 — Elisabeth Villiers, duchesse de Lennox, par *16.50*
W. Hollar.
Hulot

Très-belle épreuve du 1er état avec l'adresse de Meyssens.

328 — Malder (Jean), par W. Hollar. *14.50*
Fatout

Très-belle épreuve avec l'adresse de J. Meyssens.

329 — Portland (Jérôme Weston, comte), par W. Hol- *14*
lar.
Cl

Très-belle épreuve avec l'adresse de Meyssens.

330 — Howard (Catherine), par Lommelin. *7*
Defl

Très-belle épreuve avec l'adresse de Gillis Hendrix.

331 — Stevens (Adrien), par Lommelin. *3.50*
Cl

Très-belle épreuve.

332 — Charles Ier, par Jean Meyssens. *35*
Rap

Superbe épreuve avec l'adresse de Meyssens.

333 — Henriette d'Angleterre, par J. Meyssens. *19*
Rap

Superbe épreuve avec l'adresse de Meyssens.

334 — Ernestine, princesse de Ligne, par Michel Na- *13*
talis.
Hulot

Magnifique épreuve du 1er état avec l'adresse de J. Meyssens.

335 — Leroy (Philippe), par P. Pontius. *46*
Cl

Superbe et très-rare épreuve avant la lettre.

336 — Le prince Robert, par Henri Snyers. *13*
Cl

Superbe épreuve avec l'adresse du graveur.

25

337 — Nassau (Jean, comte de), par L. Vosterman.

Superbe épreuve.

4.25

338 — Orange (Frédéric-Henri, prince d'), par Conrad Waumans.

Très-belle épreuve du 1er état avec l'adresse de J. Meyssens.

EDELINCK (GÉRARD).

20
Raf

338 bis. — Combat de quatre cavaliers.

Premier état avec la lettre et avant les points sur le sabre.

15
Didot

339 — Le prince de Galles, d'après Largilière. (R. D., 210.)

Portrait très rare.

340 — Mandard (Hardouin), d'après Rigaud.

Belle épreuve.

15
Cl

341 — Philippe de Champagne. (R. D., 164).

Belle épreuve du 1er état.

25
Didot

342 — Le comte de Château-Meillan. (R. D., 165).

Belle épreuve d'un portrait rare.

27
Arduin

343 — Desjardins, d'après Rigaud. (R D., 182.)

Très-belle avant l'adresse de Drevet.

9.50
Rapilly

344 — Louis XIV, d'après J. Delahaie. (R. D., 256.)

Deuxième état. Belle.

FAITHORNE (Guillaume);

345 — Marguerite Smith, femme d'Édouard Herbert, d'après Van Dyck.

Très-belle.

14
Cl

FALK (Jérémie).

346 — Scène de Tabagie, d'après Valentin.

Belle épreuve.

23
Thiers

347 — La Sémiramis, d'après Valentin.

Belle épreuve avant la lettre.

10
Cl

FARINATI (Paul).

348 — Sainte Famille (3).

Très-belle.

4.50
Hulot

350 — 25 pièces, par Léon Daven et Mantuan.

Belles épreuves. Pourra être divisé.

53
Hulot

FRITZ (Antoine).

351 — Mariage de Jacques III, roi d'Angleterre, avec Marie-Clémentine Sobieska.

Pièce historique. Belle et curieuse.

70
Cl

FYT (Jean).

352 — Les Chiens (B., 9 à 16.), 7 pièces.

Manque 1 pièce.

9.50
Fatout

GAGNIÈRE.

10
Didot

353 — Portrait du cardinal de Richelieu en pied.

Rare et belle épreuve.

26
Cl

354 — Portrait de Gaston d'Orléans et de sa femme.

Belle.

GASCAR.

2B
E

355 — Jean Sobieski, roi de Pologne, et sa famille.

Belle épreuve d'une pièce rare.

GLOCKENTON (ALBERT).

41
Van Os

356 — Une Vierge folle.

Très-belle.

GHISI dit le MANTUAN (ADAM).

37

357 — Études de figures, d'après Michel-Ange, tirées des peintures de la chapelle Sixtine. Suite de 73 planches numérotées y compris le titre.

Dans la description de Bartsch, cette suite ne comprend que 72. Belle et rare.

GHISI dit LE MANTUAN (GEORGES).

2B
Hulot

358 — Les Anges de la chapelle Sixtine, plus une Femme assise, d'après Michel-Ange.

Belles.

6
Roch

359 — La Circé (67).

Belle épreuve.

GOLTZIUS (Henri).

360 — La Vierge aux Cerises (24).

Très-belle épreuve.

25
Gihaut

361 — La Passion complète, suite de 12 pièces (27 à 38).

Très-belles épreuves.

28
Didot

362 — Le Porte-étendard (125).

Très-belle épreuve.

37
Thien

363 — Portrait d'un officier portant une hallebarde (126).

Très-belle épreuve.

36
Thien

HAEFTEN (van Nicolas).

364 — Les Fumeuses (4).

Très-belle épreuve tirée sur papier de soie.

5
Le Blanc

HOLLAR (William).

365 — Son portrait gravé par lui-même. — 24 costumes de femmes, etc., 80 pièces. (Pourra être divisé).

7.50
Cl

3
Hulot

366 — Diane couchée, gravé par Pontius.

Très-belle épreuve.

4.50
Defl

367 — Charles Ier, roi d'Angleterre, d'après Van Dyck.

Superbe épreuve.

42
Raf

11

368 — Lord Guildeforde, d'après Holbein.

Belle épreuve.

15
Rousset

369 — Lady Guildeforde, d'après Holbein.

Très-belle épreuve.

6
Didot

370 — Portrait de femme, d'après Holbein.

Très-belle.

16
Hulot

371 — Statue équestre de Charles Ier.

Pièce très-rare.

19
Didot

372 — Portrait de Holbein, d'après Holbein.

Très-belle.

15
Guich

373 — Têtes de femmes, 5 p.

Belles épreuves.

Cl 9
15
Didot
19
Cl

374 — 13 portraits, dont la princesse Marie d'Angleterre. (Pourra être divisé.)

375 — La Bourse de Londres.

376 — Un cerf couché, d'après A. Durer.

2.50
Gigoux

HONDIUS (Henri).

12
Roch

377 — Le cardinal de Richelieu.

Très-belle.

5.50
Roch

378 — Henri IV, roi de France.

Rare et belle épreuve.

10
Cl

379 — Marie, princesse de la Grande-Bretagne, née
le 4 novembre 1631, d'après Van Dyck.

Superbe épreuve.

HOPFER (les).

380 — 8 pièces, sujets de sainteté et autres.

Premières épreuves avant les numéros.

9.50

Loriz

JEGHER (Christophe).

381 — Le portrait de Rubens, d'après lui-même.

Superbe épreuve en clair-obscur d'un portrait très-rare.

13.50

Cl

382 — Suzanne avec les vieillards, d'après Rubens.

Superbe épreuve.

35.

Loriz

383 — La Vierge aux anges, d'après Rubens.

Très-belle épreuve.

19

Cl

JODE (Pierre de).

384 — Henriette-Marie, reine d'Angleterre, d'après Van Dyck.

Grand et beau portrait.

11

Cl

KRUG (Louis), dit le maître a la cruche).

385 — Deux femmes nues (11).

Belle.

14

Fremyn

LARMESSIN (de Nicolas).

386 — Louis XV, d'après Van Loo.

Belle.

10

Cl

17
cc

387 — Marie Leczinska, reine de France, d'après Van Loo.

Belle.

12.50
V

388 — Portrait de Stanislas, roi de Pologne, d'après Van Loo.

Belle.

26
cc

389 — Catherine Opalinska, reine de Pologne.

Belle.

LASINIO.

15
cc

390 — Portrait de Dagoty, inventeur de la gravure en couleur.

Très-belle épreuve à la manière noire. Très-rare.

LASNE (Michel).

11
Roch

391 — Bernard, duc de la Valette, à cheval.

Très-belle épreuve. Rare.

26
Roch

392 — Louis XIII à cheval (le fond gravé par Callot).

Superbe.

25
Roch

393 — Anne d'Autriche, reine de France.

Charmant portrait. — Rare.

7
Long

394 — Louis de Bourbon, duc d'Enghien.

Rare.

THOMAS DE LEU.

395 — Charles de Lorraine, duc du Maine.

Très-belle épreuve.

9
Roch

LIONI (Ottavio).

396 — Deux Portraits inconnus de chevaliers de Malte
(7, 9).

Suivant Mariette, le n° 7 représente Mario Nuzzi, peintre romain. —
Très-belles.

5

397 — Jean Baglioni, 1625 (14).

Jean-François Barbieri dit le Guerchin, 1623
(18).

Très-belles.

398 — Jean-Laurent Bernini, 1622 (19).

Paul Jordan II, duc de Bracciano (20).

Très-belles.

12.
Thien

399 — Joseph Cesare dit d'Arpino, 1621 (23).

Gabriel Ciabrera, 1621 (24).

Très-belles.

1.50
Cl

400 — Jean Ciampoli, 1627 (25).

Louis Leoni, 1625 (28).

Très-belles.

401 — Jean-Baptiste Marinus, 1623 (30).

Pierre-François Pauli, 1625 (32).

Très-belles.

9
Cl.

402 — Marcel Provenzale, 1623 (33).

Paul Qualiatus-Clodianus, 1623 (34).

Très-belles.

403 — Christophe Roncalli, 1623 (35).

Thomas Stilianus, 1625 (37).

Très-belles.

404 — Simon Vouet, 1625 (39).

Superbe.

LOMBART (Pierre).

405 — Les Comtesses, d'après Van Dyck.

Six pièces seulement. — Très-belles.

LUCAS DE LEYDE.

406 — Histoire de la création et de la chute du premier homme (B., 1 à 6).

Belle.

407 — Le Péché d'Adam et Ève (B., 10).

Belle épreuve.

408 — La fille de Jephté allant au-devant de son père (B., 28).

Belle épreuve.

409 — Dalila coupe les cheveux de Samson (B., 25).

Belle épreuve.

410 — David en prière (B., 28).

Superbe épreuve.

52
Lorz

411 — Mardochée mené en triomphe (B., 32).

Belle épreuve.

16
Grg.

412 — Les deux Vieillards apercevant Suzanne dans le bain (B., 33).

Belle épreuve.

10
Thiers

413 — Repos en Égypte (B., 38).

Superbe épreuve d'une charmante pièce.

100
Thiers

414 — La Passion de Jésus-Christ, suite de quatorze estampes (B., 43 à 56).

Très-belles épreuves d'une suite rare à trouver complète.

142
Cl.

415 — La Passion de Jésus-Christ, suite de neuf estampes de forme ronde et entourées de bordures (B., 57 à 65)

Très-belles épreuves d'une collection extraordinairement rare à trouver avec les bordures. Nº 64 très-taché.

650
Cl.

416 — Jésus-Christ apparaissant à Madeleine sous la figure d'un jardinier (B., 77).

Très-belle épreuve d'une pièce rare.

16
V

417 — Sainte Famille (B., 85).

Très-belle épreuve d'une jolie pièce.

58
Hulot

418 — Saint Georges (B., 121).

Très-belle épreuve.

56
Thiers

419 — Lucrèce (B., 184).

7.50
Gigoux

4

38
Cl

420 — Pyrame et Thisbé (B., 185).

Belle épreuve.

27
Pollet

421 — Le poëte Virgile suspendu dans un panier (B., 186).

Belle épreuve.

25
Didot

422 — Mars et Vénus (B., 137).

20

423 — Vénus et l'Amour (B., 138).

Belle épreuve.

41

424 — Pallas (B., 139).

Très-belle épreuve.

105
Rousset

425 — Le Garçon avec la trompe (B., 152).

Superbe épreuve d'une pièce très-rare.

11

426 — Les Musiciens (B., 155).

Très-belle épreuve.

29
Cl

427 — Le Chirurgien (B., 156).

Belle épreuve.

24

428 — L'Opérateur (B., 157).

Belle épreuve, avec une grande marge.

9

429 — Tête de guerrier (B., 160).

42
Rousset

430 — Composition d'ornements (B., 161).

431 — Une composition d'ornements (B., 162).

Belle épreuve.

432 — Panneau d'ornement (B., 164).

Belle épreuve.

433 — Les Enfants guerriers (B., 165). 5

434 — Un Écusson vide (B., 166). 3

435 — Un Écusson rempli par un mascaron (B., 167). *19 Dreux*
  Très-belle épreuve.

436 — Les Armes de la ville de Leyde (B., 168). 3

437 — Deux rinceaux d'ornements (B., 169).

438 — Deux ronds (B., 170). *20 Long*

439 — Deux ronds (171).

440 — Portrait de l'empereur Maximilien Ier (B., 172) *11 Didot*
  Très-belle copie en contre-partie, non décrite.

441 — Portrait de Lucas de Leyde (B., 173). *56 Didot*

442 — Portraits d'un jeune homme (B., 174). *9 Gigoux*

GRAVURES EN BOIS

443 — Adam et Ève (B., 1). *25 Hulot*
  Les gravures sur bois de ce maître sont fort rares. — Très-belle épreuve.

444 — La reine de Saba devant le trône de Salomon (B., 10). *26 Cf*
  Très-belle épreuve.

445 — La Décollation de saint Jean (B., 12). *32 Cf*
  Très-belle épreuve.

MANTEGNE (André).

446 — Combat de dieux marins (18).

Belle.

14
Gihaut

447 — Bacchanale à la cuve (19).

9
Fiot

448 — La Sépulture (2).

Pièce en hauteur. — Très-belle.

46
Le Blanc

MAITRE (le) B. M.

449 — Le Jugement de Salomon (1).

Très-belle épreuve. Endommagé.

32
Cl

450 — Vierge et Enfant Jésus. (n. 2.)

Extrêmement rare.

60
Cl

MAITRE (le) AU CADUCÉE, J. BARBARY.

451 — Le Soleil et la Lune (16).

Très-belle.

52
Van Os

MAITRE (Monogramme Fb.).

452 — Femme considérant une sphère (20).
Berger s'appuyant sur son bâton, non décrit.
Femme en méditation, non décrit.

Trois pièces rares et belles.

5

MAITRE (le) AU DÉ.

453 — Sacrifice à Priape (27).

Très-belle.
On y a joint une copie dans le même sens que l'original.

21
Thiers

454 — La victoire de Scipion sur Syphax (78).   *3.50*

  1er état, avant l'inscription : *Sumptum est.*

ZWOTT, dit le MAÎTRE A LA NAVETTE.

455 — L'Adoration des Rois (1).   *100*

  Extrêmement rare.   *Cl.*

MAITRE L. B., accompagné d'un oiseau.

456 — L'Enlèvement d'Europe (4).   *241*

  Très-belle et rare.   *Gigoux*

MAITRE L. C.

457 — Jésus tenté par le démon. (B. 2.)   *28*

  Pièce extrèmement rare ; épreuve fatiguée.   *Le Blanc*

MARINUS (JACQUES).

458 — L'Adoration des bergers, d'après Jordaens   *14*
  (Jacques.)   *Faloret*

  Très-belle épreuve.

MASSON (ANTOINE).

459 — Grécy (Louis Verjus, comte de). (R. D. 23.)   *18*

  Superbe et très-rare épreuve du 1er état, avant la lettre.   *Cl.*

MECKEN (ISRAEL DE).

460 — La mort de Lucrèce (168).   *215*

  Superbe épreuve.   *V*

24

461 — La Sainte Famille au papillon.

Bartsch ne l'a pas connue. — Très-rare.
Répétition de la gravure de Durer en contre-partie.

9.50

462 — La Décollation de saint Jean-Baptiste (8).

463 — Le Portement de croix (23).

5.50

MELLAN (Pierre).

51

464 — Saint Pierre Nolasque.

Pièce capitale du maître. Belle.

MEYER (Melchior).

4

465 — Apollon faisant écorcher Marsyas.

Pièce rare.

MONTAGNA (Benoit).

15
Cl

466 — La Vierge à mi-corps (7).

Belle.

16
Cl

467 — Le Satyre (17).

Très-belle et rare.

200
Cl

468 — Les Deux Musiciens (31).

Superbe et rare.

200
Cl

469 — Jeune Femme à gauche, assise et tenant sur ses
genoux un enfant nu debout, un autre enfant
appuyé contre elle semble dormir, tandis
qu'une vieille femme à droite lui prend le

pied gauche; dans le fond à droite un édifice
en ruine; au haut, à gauche, le nom du
maître.

Très-belle épreuve d'une pièce rare inconnue à Bartsch.

Haut. 170 mill.; larg. 112 mill.

MORIN (Jean).

470 — Bentivoglio (le cardinal).

Magnifique épreuve.

62 Falout

471 — Lémon (Marguerite).

Magnifique épreuve.

12.50 Raf

472 — Vignerod (J.-B. de), abbé de Richelieu.

Très-belle épreuve du 1er état avant la lettre.

27 Raf

473 — Vitré (Antoine).

Très-belle épreuve.

25 Loiz

MOZZETTO (Jérôme).

474 — Judith portant la tête d'Holopherne (1).

Superbe épreuve d'une pièce rare.

560 Cl

475 — Homme nu assis à terre (6).

Superbe et rare.

580 de Janzé

NADAT (dit le Maître à la Ratière).

476 — La Vierge et sainte Anne. (B., n. 2.)

Belle.

100 Delandre

NANTEUIL (Robert).

5   477 — Amelot (Jacques). (R. D., 19.)

         1ᵉʳ état.

16   478 — Amelot. (R. D. 21.)

         Belle.

51   479 — Anne d'Autriche. (R. D., 23.)
Falont   1ᵉʳ état. Superbe.

30   480 — Arnaud (Simon). (R. D., 24.)
Didot   Très-belle du 1ᵉʳ état.

10   481 — Bartillat (Saint-Jean de). (R. D., 32.)
Didot   1ᵉʳ état. Belle.

48   481 *bis.* — Pompone de Bellièvre. (R. D., 37.)
Jacobi   Belle.

14   482 — Blanchard (François), abbé de Sainte-Gene-
                 viève. (R. D., 39.)

         1ᵉʳ état.

19   483 — Bouchu (Pierre). (R. D., 47.)
Didot   1ᵉʳ état. Belle.

6   484 — Caltesnau (Jacques), marquis de. (R. D., 53.)

         Beau.

13   485 — Colbert (J. B.) (R. D., 76.)

20   486 — Courtin (Honoré). (R. D., 80.)

         Très-belle épreuve du 1ᵉʳ état.

487 — Dorieu (Jean.) (R. D., 84.)   *8*

    Belle.

488 — Du Lieu (François-Antoine). (R. D., 85.)   *9*

    Belle.

489 — Dunois (Jean-Louis, comte de). (R. D., 86.)   *5.50*

    Belle.   *Fatout*

490 — Espernon (le duc d'). (R. D., 91)   *20*

    2ᵉ état. Belle.   *Cl*

491 — Estrées (César, cardinal d'). (R. D., 92.)   *6*

    Belle.   *Didot*

492 — Fieubet (Gaspard de). (R. D., 96.)   *14*

    Belle épreuve.   *Didot*

493 — Foucquet (Nic.) (R. D., 98.)   *18*

    Belle.   *Pollet*

494 — Hesselin (Louis). (R. D., 110.)   *2.50*

    Fatout

495 — Don Juan d'Autriche. (R. D., 114.)   *8.50*

    2ᵉ état. Belle épreuve. Rare.   *Cl*

496 — Lallemand (Pierre.) R. D., 117.)   *9.50*

    1ᵉ état. Beau.   *Roch*

497 — Lamoignon. (R. D., 119.)   *5*

    1ᵉʳ état. Belle.   *Fatout*

498 — Letellier, arch. de Reims. (R. D. 140.)   *5.50*

    1ᵉʳ état.   *Fatout*

3 499 — Lamothe-Levayer. (R. D. 143.)

Belle.

7.50
Raf 500 — Lionne (Jules-Paul), abbé de Marmoutiers. (R. D. 147.)

1er état; beau.

17.50 501 — Longueville (Henri d'Orléans, duc de). (R. D. 149.)

Belle épreuve.

19 502 — Louis XIV. (R. D. 153.)

1er état. Belle.

6.50 503 — Louis XIV. (R. D. 153.)

2e état. Belle.

11
Cl 504 — Louis XIV. (R. D. 155.)

1er état. Belle.

15 505 — Marie-Jeanne-Baptiste de Savoie. (R. D. 169.)

1er état. Très-belle.

14
Cl 506 — Maupeou (Jean de). (R. D. 173.)

1er état. Rare.

6 507 — Mesmes (Henri de). (R. D. 191.)

1er état. Très-belle épreuve.

2
Fatout 508 — Mesmes (Jean-Antoine de), président au parlement. (R. D. 192.)

2e état.

4.50
Fatout 509 — Molé (Édouard). (R. D. 193.)

Belle.

510 — Nesmond (François), évêque de Bayeux. (R. D. 202.)   7-50   Rap

Belle épreuve.

511 — Orléans (Philippe dit Monsieur). (R. D. 208.)   17   Cl

Superbe du 1er état.

512 — Ormesson (André Lefèvre d'). (R. D. 209.)   4   Rap

1er état.

513 — Payen-Deslandes (Pierre). (R. D. 210.)   4.50

Beau.

514 — Peréfixe (Hardouin de). (R. D. 219.)   6.50

Très-belle.

515 — Poncet (Pierre). (R. D. 215.)   8   Cl

2e état.

516 — Regnaudin (Claude). (R. D. 216.)   2   Cl

2e état.

517 — Turenne. (R. D. 233.)   18   Cl

3e état. Belle.

518 — Letellier, marquis de Louvois. (R. D. App. n° 6.)   141   Cl

Très-rare épreuve non terminée d'un état inconnu à Robert Dumesnil.

518 bis — Michel Letellier. (R. D. App. 6.)   36   Cl

1er état. Belle.

NICOLETTO DE MODÈNE.

519 — Le Jugement universel, 23.   380   Cl

Très-belle épreuve d'une pièce extrêmement rare.

100
Cl

520 — La Prédication de frère Marco de Monte Sancta Maria in Gallo, ou les sept œuvres de miséricorde (B. tome **XIII**, page 88.)

Très-belle épreuve avant l'inscription et les armes dans le bas de la gauche, extrêmement rare.

51
Cl

521 — Saint Jean. (B. 30.)

Belle et rare.

153
Cl

522 — Orphée jouant du violon; il est assis sur un monticule adossé à un arbre, vu de face et un peu tourné vers la gauche, à sa gauche en bas deux lapins et à sa droite un renard, la marque du maitre sur une tablette suspendue à l'arbre.

Pièce inconnue à Bartsch, extrêmement rare.

Haut. 207 mill.; larg. 143 mill.

NOORT (Van).

17
Le Blanc

523 — Animaux d'après Pierre de Laar.

Très-belle épreuve.

OSTADE (Adrien Van).

73
Arduin

523 bis. — La Grange (23). Très-belle épreuve avant les contretailles sur la poutre et avant la bordure renforcée au burin. — Les Pêcheurs (26).

Très-belle épreuve. 2 pièces.

PENCZ (Georges).

14
Guich

524 — Horatius Coclès (80).

Magnifique épreuve.

524 bis. — La mort de Lucrèce (79).

Superbe épreuve.

15 Gihaut

PESNE.

525 — La Vierge, d'après le Poussin.

Belle.

16 Gihaut

PLATTE-MONTAGNE (NICOLAS).

526 — Marie de Médicis, reine de France.

Belle.

11.50 Rap

POLLAJUOLO (ANTOINE).

527 — Les Gladiateurs (2).

Très-belle épreuve, très rare.

200 Cogliati

PONTIUS (PAUL).

528 — Le bienheureux Joseph, de l'ordre des Prémontrés, touchant la main de la Vierge, d'après Van Dyck.

Très-belle épreuve avec l'adresse de B. Enfant.

10

529 — La Vierge et l'Enfant Jésus, d'après Van Dyck.

Superbe épreuve.

15

530 — La Fuite en Égypte, d'après J. Jordaens.

Superbe épreuve.

6 Gigoux

531 — Un Pape entouré des souverains de son temps et recevant des hommages, d'après Rubens.

Superbe épreuve d'une pièce rare.

7 Gigoux

532 — Ferdinand d'Autriche à cheval, d'après Rubens.

Belle.

POTTER (PAUL).

533 — Les Vaches (B. 1 à 8).

Belles épreuves, avec l'adresse de Clém. de Jonghe.

534 — Le Vacher (B. n. 14).

Belle épreuve du 3e état.

535 — Le Berger (B. n. 15).

Très-belle épreuve du 2e état, avec l'adresse de Cl. de Jonghe.

RAIMONDI (MARC-ANTOINE).

536 — Adam et Ève (1), par Marc-Antoine.

Pièce capitale du maître.

539 — David vainqueur de Goliath (12).

Belle.

541 — Jésus-Christ à table chez Simon le Pharisien (23).

Belle.

542 — La Cène (26).

Très-belle.

545 — Saint Paul prêchant à Athènes (44).

Superbe épreuve d'une parfaite conservation.

546 — La Notre-Dame à l'escalier (45).

Très-belle.

103 Blaisot

547 — La Vierge assise sur les nues (52).

23 Pollet

548 — La Vierge à la longue cuisse (57).

Belle.

38 Hulot

551 — Sainte Marguerite (118).

Belle.

60 Cl

552 — Jésus-Christ.

Saint Pierre, saint André, de la suite de Jésus, et les Apôtres (124, 125, 126).

Très-belles épreuves.

35 Cl

553 — Saint Jean,

Saint Philippe,

Saint Barthélemy,

Saint Mathieu, de la même suite (128, 129, 130, 131).

Très-belles épreuves.

35 Cl

554 — Saint Thomas,

Saint Simon,

Saint Judas-Thadée,

Saint Paul, de la même suite (132, 133, 134, 136).

Très-belles épreuves.

35 Cl

555 — Crucifix (137).

Belle épreuve d'une jolie pièce très-rare.

155 Giraut

20

556 — Sainte Barbe,

Sainte Catherine,

Sainte Marthe.

3 petites gravures par un maître anonyme de l'école de Marc-Antoine.

120
cl

557 — La Sainte Vierge debout (139).

Très-belle épreuve d'une jolie petite pièce.

60
cl

558 — Saint Antoine de Padoue,

Saint Christophe,

Saint Jean-Baptiste,

Saint Jérôme, de la suite des petits saints (142, 146, 150, 152),

Très-belles.

41
cl

559 — Saint Job,

Saint Joseph,

Saint Michel,

Saint Lazare, de la même suite (153, 154, 158, 159).

Très-belles.

71
cl.

560 — Saint Nicolas de Tolentin,

Saint Roch,

Saint Sébastien, de la même suite (160, 164, 166).

Belles.

561 — Sainte Agathe, *71*

Sainte Agnès, *Cf*

Sainte Catherine , de la même suite (170, 171, 175).

Très-belles.

562 — Sainte Catherine de Sienne, *51*

Sainte Cécile, *Cf*

Sainte Hélène,

Sainte Lucie, de la même suite (176, 177, 178, 179).

Très-belles.

563 — Sainte Marguerite, *55*

Sainte Marthe, *Cf*

Sainte Pétronille, de la même suite (181, 182, 183).

Très-belles.

564 — Titus et Vespasien (188). *21*

Magnifique. *Cf*

565 — Horatius Coclès (190). *20*

Belle. *Cf*

566 — Curtius (191). *34*

Très-belle. *Cf*

567 — Danse d'Amours (217). *76*

Belle. *Lorj*

5

18   568 — Danse d'Amours (217). Copie A.

         Belle.

80   569 — Danse d'Amours (217). Copie B.
Cl

         Attribuée à M. Antoine. Belle.   —

40   570 — Néréide portée par un Triton (228).
Cf

         Très-belle.

91   571 — Le Parnasse (247).
Defl

         Belle.

131   572 — La Bacchanale (249).
Loïg

         Très-belle.

5   573 — Vénus et l'Amour (260).

         École.

10   574 — Apollon (268).

         Belle.

14   575 — Muse tournée vers la droite et s'appuyant sur
Pelletier   un piédestal (265).

         Belle.

14   576 — Muse vue de face (270).
Cl

         Très-belle.

14   577 — Muse vue de profil et tournée vers la gauche
Cf   (273).

         Belle.

17   578 — Jeune Femme dirigeant ses pas vers la droite
Cf   (274).

         Très-belle.

579 —. Jeune Femme vue de profil (275).   15
Belle.   Cl

580 — Un Satyre se défendant pour une Nymphe   10
      (279).

581 — Le Satyre et l'Enfant (281).   136
Superbe épreuve.   Guich

582 — Orphée et Euridice (295).   162
Très-belle.   Cl

583 — Vénus et l'Amour (311).   31
Belle.   Cl

584 — Vulcain, Vénus et l'Amour (326).   12
Belle.   Deff

585 — Le Jugement de Pâris (339).   81
Très-belle.   Cl

586 — Les Trois Grâces (340).   21
Très-belle épreuve.   Soutzo

587 — Le Quos ego (352).   20
Belle épreuve avec l'adresse effacée.   Falont

588 — Amadée (355).   300
Superbe épreuve d'une pièce rare.   Dreux

589 — Le Jeune homme au brandon (360).   12
Pièce de la première manière du maître.   Soutzo

590 — Le Vieux berger et le Jeune homme (366).   225
Superbe épreuve d'une très-jolie pièce.   Cl

81
Loiz
591 — Le Vieillard et l'Homme à l'ancre (367).

Belle épreuve.

33
Cl
592 — La Femme à la tête ailée (368).

Très belle.

86
Cl
593 — L'Homme frappé avec la queue de renard (372).

Superbe.

200
Cl
594 — La Femme aux deux éponges (373).

Superbe

41
Defer.
595 — La Poésie (382).

Belle.

87
Pollet
596 — La Paix (393).

Très-belle.

13
597 — Le Joueur de violon entouré de trois femmes nues (398).

Belle.

13
598 — La Jeune Femme entre deux hommes (399).

Belle.

19
Cl
599 — Un Empereur assis (441).

Très-belle.

16
Gigoux
600 — Un Empereur assis (442).

Belle.

11
Loiz
601 — Femme portant un enfant (450).

Belle.

602 — La Vieille allant à la fosse (456).   12
  Très-rare.   *Gihaut*

603 — Le Cardinal (659).   50
  Extrêmement rare.   *Cl*

604 — Homme assis tenant une flûte (467).   12
  Très-belle.   *Cl*

605 — Octave Farnèse, duc d'Urbin (498).   18
  Très-belle.   *Cl*

606 — Les douze Césars (501 à 512), suite de 12 p.   17
  Belles.   *Deffer*

607   Portrait de Barberousse (520).   28
  Très-belle épreuve d'un portrait rare.   *Cl*

608 — Portrait de l'Arétin (513).   21
  Extrêmement rare.   *Piot*

609 — Portrait de Charles-Quint (524).   19
  Belle épreuve du premier état.   *Cl*

610 — Vie de la Vierge. Copies d'après Albert Durer   32
        (621 à 637), suite de 17 pièces.
  Belles.

611 — La Passion de Jésus-Christ. Copie d'Albert   28
        Durer (584 à 620), suite de 37 planches.
  Belles épreuves.

612 — L'Adoration des Rois. Copies du n° 3 d'Albert   2
        Durer (638).
  Belle.

4   613 — Saint Jean et saint Jérôme. Copie du n° 112 d'Albert Durer.

Saint Christophe. Copie du n° 104 d'Albert Durer (641, 648).

Très-belle.

ÉCOLE DE MARC-ANTOINE.

MAITRES ANONYMES.

3   614 — L'Abreuvoir des bœufs (Bartsch, tome xv, page 51, sie).

Belle épreuve avec l'adresse de Salamanque.

VENITIEN (Augustin).

40   615 — Le Sacrifice d'Abraham (5).

Superbe.

5   616 — Dieu apparaissant à Isaac (7), par Marc de Ravenne.

Très-belle.

2.50   617 — La Nativité (17).

Belle.

45   618 — La Marie pleurant sur le corps mort de Jésus-Christ (39).

Superbe.

5   619 — Élymas aveuglé par Saint-Paul (43).

Belle.

620 — Saint Jean (93).

Très-belle avant l'adresse.

7

621 — Saint Jérôme au petit lion (103).

Belle.

4.50

622 — Diogène (107).

Par A. Vénitien.

1

Grégoire

623 — Cléopâtre (108).

Très-belle.

36

V

624 — Un Dieu fleuve (214).

Très-belle.

20

Thiers

625 — Léda (232).

Belle.

14

Dromont

626 — Vénus couchée sur un dauphin (230).

Belle.

16.50

627 — La Nouvelle apportée à l'Olympe (241).

Belle.

6.50

628 — Lycaon (244).

1

629 — Danse de Faunes et de Bacchantes (260).

Notre pièce paraît être la copie A dont parle Bartsch, et dont il n'aurait vu que la partie gauche. L'épreuve que nous possédons est complète en deux planches, dont la partie droite porte le chiffre A. V. surmonté de l'année 1518.

5

630 — Hercule étouffant le Lion de Némée (287).

Belle.

1

1.50   631 — Hercule étouffant le Lion de Numidie (287).

Copie en contre-partie de A. Vénitien, marquée à droite des lettres P. B. Rare.

4.50
Gigoux

632 — Termes (301).

Superbe épreuve avant l'adresse.

633 — Termes (302, 303, 304).

Belles épreuves. Les n°s 302 et 304 avec l'adresse.

25
V

634 — La Prudence (357).

Belle.

20
V

635 — La Tempérance (358).

Belle.

9

636 — Le Dragon et l'Abeille (406).

Belle.

9.50
Le Blanc

637 — Le Vieux berger (409).

Très-belle.

4

638 — Les deux Armées en ordre de bataille (415).

Belle.

15
Gigoux

639 — La Carcasse (426).

Belle épreuve.

1

640 — Les Grimpeurs (423).

Copie en contre-partie. Très-belle.

3
Le Blanc

641 — Homme nu assis sur une souche (452).

642 — Le Paysan et la Femme aux œufs (458).

643 — Le Jeune Berger (458).

5.50

Belle épreuve d'une charmante estampe.

644 — La Femme portant un vase sur la tête (470). *6 Rap*

Belle.

645 — L'Homme tenant une femme par les mains (471). *26 Cl*

Très-belle.

646 — La Barque (478). *2 Laluyé*

Très-belle.

647 — Femme assise près d'un vase (475). *12*

Belle.

648 — Le Jeune héros près de l'autel (483). *4.50 V*

Très-belle.

649 — Angélique et Médor (485). *30 Cl*

Superbe.

650 — Le groupe tiré de l'école d'Athènes de Raphaël (492). *13 Laluyé*

Superbe épreuve. Rare.

651 — Les chapitaux, bases de colonne des trois ordres d'architecture (525 à 533), suite complète de 9 p. *11 Soutzo*

Très-belles.

652 — Les mêmes. Copiées par l'artiste lui-même (525 à 533). *4.50 Gigoux*

Six pièces seulement de cette suite gravée par Aug. Vénitien, ainsi que le dit Bartsh. dans les nos ci-dessus. — Belles.

653 — L'Église de Saint-Pierre à Rome (534). *4 V*

Magnifique épreuve d'une pièce rare.

654 — L'Autel de Jupiter, ou premier temple du Capitole (535).

4

Très-belle épreuve.

655 — Le Vase entouré de feuilles d'acanthes (540).

19

Belle.

656 — Les Vases antiques de bronze et de marbre (541 à 452), suite complète de 12 estampes.

Très-belles épreuves du premier état. Rare.

80

657 — Panneaux d'ornements (564 à 583), suite complète de 20 estampes rares.

Très-belles.

RAVENNE (MARC DE).

3.50

658 — Entellus et Darès (195).

Très-belle.

2

659 — Quatre sujets tirés de la colonne Trajane (202 à 205).

Première épr. avant l'adresse.

660 — Vénus blessée par l'épine d'un rosier (321).

12

Avec l'adresse.

661 — Pan et Syrinx (325).

Épreuve avec l'adresse.

3

662 — La Force (395).

Belle.

1.50

663 — Les trois Animaux dans un ovale (405).

Belle.

664 — Femme de retour de la chasse (466).   8

Rare et belle.

Gigoux

ANONYME DE L'ÉCOLE DE RAIMONDI.

665 — Vénus se tirant une épine du pied.   6

Jolie estampe portant la date de 1532.

Haut. 251 m. sur L. 105 m.

REMBRANDT (PAUL).

666 — Portrait de Rembrandt au manteau riche (7).   12 *Cl*

667 — Portrait de Rembrandt tenant un sabre (18).   8 *Gigoux*
2

668 — Présentation au Temple (40).

Troisième état. Belle.

669 — Retour d'Égypte (60).   50 *Cl*

Très-belle.

670 — La Vierge et l'Enfant Jésus sur les nuages (61). 5

Belle.

671 — La Sainte Famille (63).   1.25 *D*

672 — Jésus au milieu des Docteurs (64).   3 *Cl*

673 — Jésus au milieu des Docteurs (65).   10 *Cl*

Belle.

674 — Jésus prêchant, ou la petite Tombe (67).   29 *Pollet*

Belle.

675 — Le Denier de César (68).   3

676 — La Samaritaine (70).

677 — La Résurrection de Lazare (72).

678 — La Résurrection de Lazare (73).

679 — La Pièce aux 100 florins (74).

Très-belle épreuve de la planche retouchée par le capitaine Baillie.

680 — Jésus dans le Jardin des Oliviers (75).

Belle.

681 — La Descente de croix (82).

Belle.

682 — Descente de croix (83).

Belle.

683 — Jésus-Christ au tombeau (86).

Belle.

684 — Le bon Samaritain (90).

685 — Le Retour de l'Enfant prodigue (91).

686 — La Décollation de saint Jean-Baptiste (92).

Belle.

687 — Pierre et Jean à la porte du Temple (94).

Belle.

688 — Saint-Pierre (96).

Pièce rare.

689 — Le Martyre de saint Étienne (97).

Belle.

690 — La Mort de la Vierge (99).

Belle.

Long 19

691 — Saint Jérôme (100).

Cl 10

692 — Saint Jérôme (102).

Cl 1.50

693 — Saint François à genoux (107).

Pièce très-rare. Belle.

Cl 142

694 — La Jeunesse surprise par la Mort (109).

Morceau peu commun.

Cl 42

695 — La Fortune contraire (111).

Belle.

26 Van Os

696 — La Médée (112).

Troisième état. Belle.

10

697 — Chasse au Lion (115).

Belle.

11 Cl. Blanc

698 — Chasse au Lion (116).

Belle.

17

699 — Sujets de bataille (117).

10.50

700 — La petite Bohémienne espagnole (120).

Copie d'une pièce très-rare.

Cl 1.50

701 — La Faiseuse de cooke (124).

Belle.

Cl 10

702 — Le Charlatan (129).

24 Long

703 — Vieillard vu par le dos (148).

Belle.

7 Cl.

8.50
Ch. Blanc

704 — Paysan et Paysanne marchant (144).

Charmante épreuve.

7
Cl

705 — Philosophe en méditation (147).

Pièce rare.

9

706 — Mendiants (homme et femme) à côté d'une butte (165).

Belle.

4

707 — Paysan déguenillé les mains derrière le dos (172).

Belle.

17
Ch. Blanc

708 — Gueux assis sur une motte de terre (174).

Très-belle épreuve avant le nom de Rembrandt écrit en toutes lettres.

14
Ch. Blanc

709 — Mendiants à la porte d'une maison (176).

Belle.

40
Cl

710 — L'Homme qui pisse (190).

Très-belle.

44
Cl

711 — La Femme qui pisse (191).

Très-belle.

12.50

712 — Le Dessinateur d'après le modèle (192).

Belle.

17
Gigoux

713 — Homme nu assis (193).

Belle.

23
Ch. Blanc

714 — Femme nue les pieds dans l'eau (200).

Belle épreuve imprimée sur papier de soie.

715 — Femme nue dormant (204). *15 Gigoux*

Belle.

716 — Vue ancienne d'Amsterdam (210). *11 Loiz*

Belle.

717 — Paysage au dessinateur (219). *39 Cl*

Très-belle.

718 — Le Berger et sa Famille (220). *50 Cl*

Belle.

719 — La Chaumière au grand arbre (226). *60 Cl*

Belle.

720 — L'Obélisque (227). *110 Loiz*

Très-belle épreuve d'un charmant paysage.

721 — Le Moulin de Rembrandt (233). *34*

722 — L'Abreuvoir de la Vache (237). *5.50*

723 — Vieillard à grande barbe et à bonnet fourré (262). *12 Cl*

724 — Jean Antonides Van der Linden (264). *15 Gigoux*

2ᵉ état. Belle.

725 — Vieillard à barbe carrée (265). *10.50 Ch. Blanc*

Belle.

726 — Jeune homme assis réfléchissant (268). *28 Pollet*

Belle.

727 — Menassé Ben Israël (269). *5 Ch. Blanc*

Belle.

22   728 — Renier An doo (2' 1).

     Belle.

62   729 — Le jeune Haaring (275).

     Grande planche.

20   730 — Jean Lutma (276).

     Belle.

3/   731 — Jean Silvius (280).

     Belle.

30   732 — L'Homme en cheveux et couvert du bonnet or-
             dinaire à Rembrandt (289).

     Belle.

41   733 — Jeune Homme à mi-corps (310).

     Belle.

25   734 — La grande Mariée juive (340).

     Belle.

101   735 — La Liseuse (345).

     1er état. Très-belle.

40   736 — Vieille qui dort (350).

     Belle.

7   737 — Jeune Fille avec panier (356).

     Belle.

20   738 — Vieille Femme portant lunettes (362).

     Copie d'une pièce extrêmement rare.

739 — Étude de trois Têtes de femme (367).

Très-belle. Portant la signature de Mariette, 1666.

38
Clément

740 — Trois têtes de femme, dont une qui dort (368).

Très-belle.

24
Ch. Blanc

RENI (Guido).

741 — L'Appareil pour l'entrée du pape Clément VIII
à Bologne (24 à 32).

Suite de 9 estampes. Très-rare.

9
Hulot

742 — Sept estampes pour la description des funérailles
d'Augustin Carrache. Nous avons les trois
premières (54.55.56).

Extrêmement rares.

27
Gihaut

REVERDINO (Gaspar).

743 — L'Adoration des Rois (B. 3).

Jolie pièce ronde.

1

744 — La Madeleine représentée assise au fond d'une
grotte, quatre anges à la gauche d'en haut.

Pièce ronde non décrite.

Diamètre, 70 millimètres.

2.50

RIBEIRA (Joseph).

745 — Le Christ mort,
Saint Pierre,
Saint Jérôme,
Martyre de saint Barthélemy, plus une copie.

6 pièces. Anciennes épreuves. Sera divisé.

6.50
Lorz

6

ROBETTA.

17
Defer
9

746 — L'Adoration des Rois (B. 6).

Rare.

747 — Vénus entourée d'Amours (B. 18).

Belle épreuve.

8-50

748 — Le jeune Hercule entre la Vertu et le Vice (B. 20).

Belle.

RODERMONT.

3
Hulot

749 — Jacob et Ésaü.

Belle épreuve.

ROULLET.

7
U

750 — La Vierge aux Raisins.

1re épreuve, avec la Dédicace. Belle.

RUBENS (PIERRE-PAUL).

42

751 — Sainte Catherine enlevée au Ciel.

Très-belle eau-forte du maître.

25
Hulot

752 — Suite de douze bustes de Philosophes dessinés d'après l'antique par Rubens et gravés par B. Bolswert, P. Pontius, Vostermann et J. Witdouc.

Très-belles épreuves.

SADELER.

753 — Portraits de Mathias, empereur d'Allemagne et de Anne, sa femme.

Magnifiques épreuves.

7
D

SCHAUFELEIN (Hans).

754 — La Passion (34).

29 pièces. Manque 6 pièces. Sans le texte. Belles.

19

SCHIAVONE (Andrea).

755 — Six panneaux d'ornement, sujets en largeur (B. 20.22.25.26.27;29.33).

7 pièces. Superbes épreuves du premier état avant le nom du maître.

80
Raf

756 — Panneaux d'ornement, pièces en hauteur (B. 15. 16.17.18).

4 pièces. Superbes épreuves du 1er état avant le nom du maître.

83

SCHUPPEN (Pierre van).

757 — Édouard, prince de Galles, d'après Largillière.

Très-belle épreuve d'un portrait rare.

38

SHONGAUER (Martin).

758 — L'Ange de l'Annonciation (1).

759 — L'Annonciation (3).

32
Hulot
49
Loiz

26
Rouvret
83

760 — La Nativité (4).

761 — La Fuite en Égypte (B. 7).

125

762 — La Passion (9 à 20), 12 pl.

Suite rare à trouver complète.

70

763 — La Mort de la Vierge (33).

9.50
Rouvret
40

764 — Saint Antoine (46).

765 — Saint Christophe (48).

40

766 — Ecce Homo (69).

Cl 41

767 — Dieu assis sur le Trône (70).

40

768 — Dieu couronnant la Vierge (72).

SILVESTRE (ISRAEL).

3C

769 — Vues des châteaux de Fontainebleau et de Vaux.

Quinze pièces. — Très-belles épreuves.

SIRANI (ELISABETH).

9

770 — Repos en Égypte (4).

Belle.

5.50

771 — Repos en Égypte (5).

Belle.

5

772 — Sainte Famille (8).

Belle.

773 — Notre-Dame de Douleurs (7).   *1.50*

Bartsch l'indique comme rare. — Très-belle.

SIRANI (Jean-André).

774 — Trois sujets de Vierges gravés dans le goût d'É-   *2.50*
         lisabeth Sirani, non décrits.

Belle.

VAN STAR (Thierry), ou le Maître a l'Étoile.

775 — L'Annonciation.   *86*

Pièce en hauteur, sans marque, représentant la Vierge assise à la droite   *Rochoux*
de l'estampe, et tournée vers la gauche, où l'ange Gabriel lui apparaît.
Le fond représente une riche décoration d'architecture. Nous avons at-
tribué cette pièce non décrite à V. Star, étant tout à fait dans sa manière. Extrêmement rare.

                                Haut. 190 mill.; largeur 148 mill.

STOOP (Thierry).

776 — Cheval attaché à un pieu fiché en terre (B.,   *71*
         n° 4).
                                                           Van Os
Première et très-rare épreuve d'un état inconnu à Bartsch, avant les
ciels.

777 — Deux Chevaux de charrue fatigués (B., n. 7).   *70*

Première et rare épreuve d'un état inconnu à Bartsch, avant les ciels.   *Van Os*

778 — Cheval qui broute,

         Cheval attaché (B., 3 et 9).   *12.50*

Premières épreuves avant les numéros. — Belles.

STRANGE (ROBERT).

26
Pollet

770 — Charles Ier en manteau royal, d'après Van Dyck.

Très-belle.

780 — Charles Ier près de son cheval, d'après Van Dyck.

26
Raf

Très-belle épreuve.

781 — Portrait d'Henriette d'Angleterre, d'après Van Dyck.

Belle épreuve.

31

782 — Portraits des Enfants de Charles Ier, d'après Van Dyck.

Très-belle épreuve.

TEMPESTA (ANTOINE).

1

783 — La Cavalcade du Grand Turc (858).

Belle.

1.50

784 — La Statue équestre de Côme, grand-duc de Toscane.

Très-belle.

13
Le Blanc

785 — Statue équestre de Henri II, roi de France.

Très-belle et rare.

TIEPOLO (DOMINIQUE).

786 — Le Chemin de la Croix.

Suite complète de seize pièces. — Très-belles.

17 Gigoux

TIEPOLO (JEAN, d'après).

787 — Deux plafonds, sujets de sainteté, sept pièces gravées par Laurent Tiepolo, son fils.

Très-belles.

19 Gigoux

VANGELISTI (VINCENT).

788 — Marc-Antoine d'Apchon, archevêque d'Auch, d'après Tischbein.

Rare épreuve avant la lettre.

20 Raph

VOSTERMAN (LUCAS).

789 — Charles Ier, roi d'Angleterre.

Superbe épreuve.

12.50 Raph

790 — Thomas Morus, d'après Holbein.

Superbe épreuve.

32 Fatout

791 — La Pêche pour le tribut, pièce en largeur, d'après Rubens.

Très-belle épreuve.

14 Loriz

WATERLOO (Antoine).

792 — Eaux-fortes de différentes suites, dont deux gran-
des et dix petites.

51
Guichardot

WITDOUC (Jean).

793 — La Sainte Famille, d' près Rubens.
Superbe épreuve.

20
Fremyn

ZAGEL (Martin).

794 — Saint Sébastien (4).

795 — Le Bal (13).
Belle.

5
Rocheux

50
Cl.

Renou et Maulde, Imprimeurs de la Compagnie des Commissaires-Priseurs,
Rue de Rivoli, 144.   8105

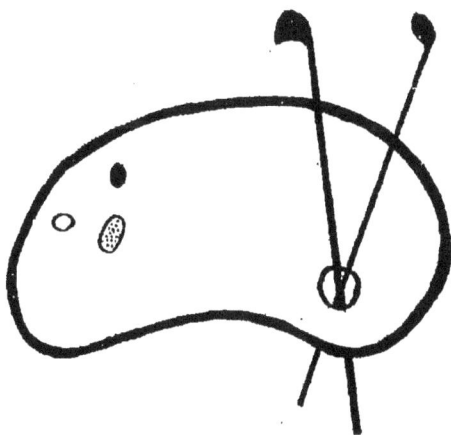

ORIGINAL EN COULEUR
NF Z 43-120-8

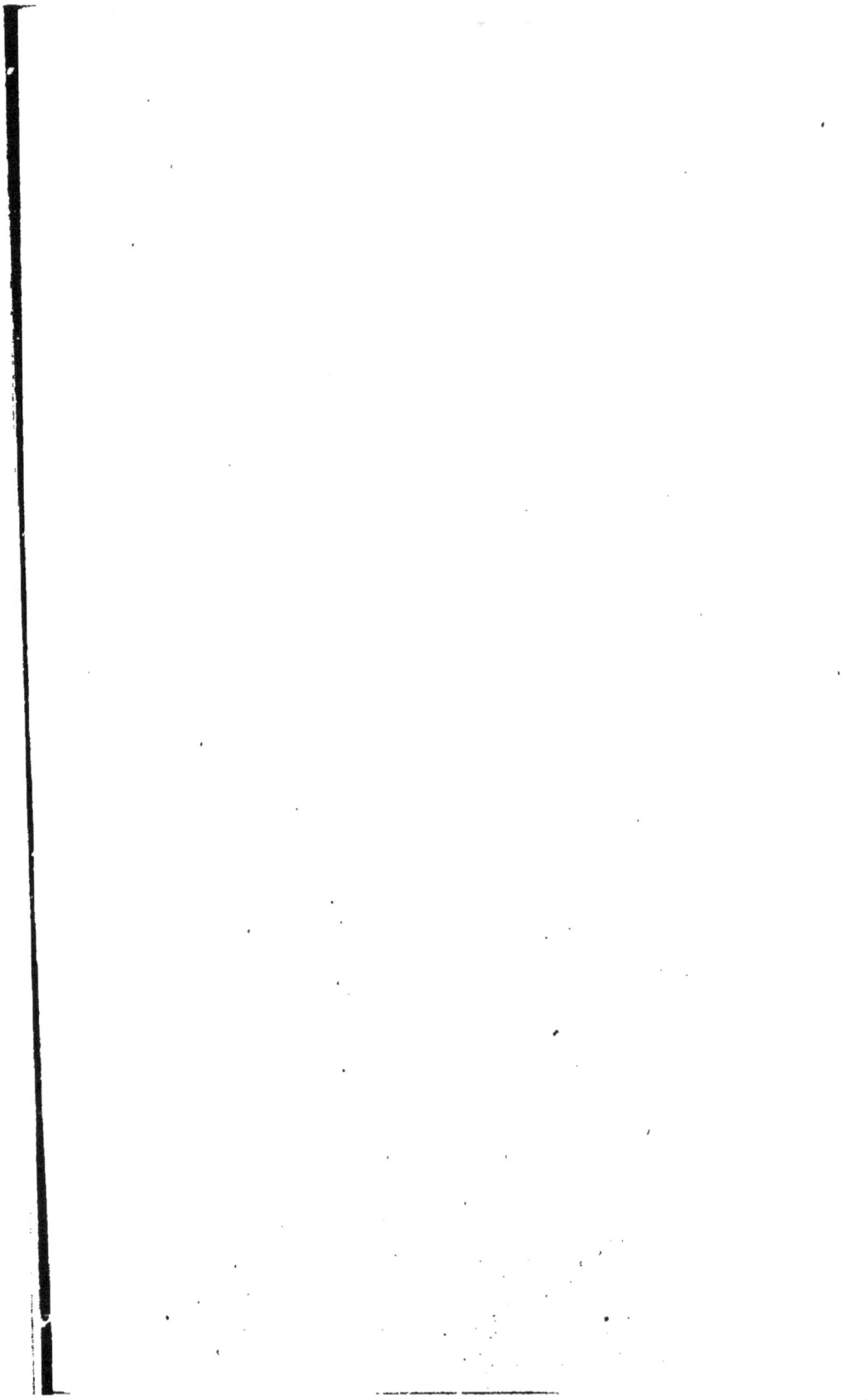

www.ingramcontent.com/pod-product-compliance
Lightning Source LLC
Chambersburg PA
CBHW052054270326
41931CB00012B/2746